U0608599

黑川伊保子

—

著

涂愫芸 译

男女
沟通
使用说明书

九州出版社 | 全国百佳图书出版单位
JIUZHOUPRESS

图书在版编目（CIP）数据

男女沟通使用说明书／（日）黑川伊保子著；涂愫芸译. -- 北京：九州出版社，2024.8. -- ISBN 978-7-5225-3328-5

Ⅰ．C912.1-49

中国国家版本馆 CIP 数据核字第 2024HD4546 号

版权合同登记号 图字：01-2024-1396

男女沟通使用说明书

作　者	（日）黑川伊保子　著　涂愫芸　译
责任编辑	田　梦
出版发行	九州出版社
地　址	北京市西城区阜外大街甲 35 号（100037）
发行电话	（010）68992190/3/5/6
网　址	www.jiuzhoupress.com
印　刷	鑫艺佳利（天津）印刷有限公司
开　本	880 毫米 × 1230 毫米　32 开
印　张	6.875
字　数	105 千字
版　次	2024 年 11 月第 1 版
印　次	2024 年 11 月第 1 次印刷
书　号	ISBN 978-7-5225-3328-5
定　价	52.00 元

目　录

在发生骚扰前，已经出现了沟通压力。

在男女感情搞砸之前，已经出现了沟通压力。

我希望能揭示沟通压力的原貌并尽可能将其削减到零。

这是我三十年来的愿望。

谨将此书献给现在正与某人共同生活的所有人。

前言

——

人类最大的谜题

人类为什么不能相互理解？

男人与女人为什么会产生分歧？

我将解开人类最大的谜题。

这虽是人类最大的问题，答案却非常简单。

人类的大脑有两种使用方式：一种是"**过程导向共感型**"，另一种是"**终点导向解决问题型**"。

这两种方式的脑神经信号传递方式不同，不能同时同质化使用，因此大脑预先选定了"瞬间使用的一方"，更以生存战略为依据，完成了初始设定：大部分的女性是"过程导向共感型"，大部分的男性是"终点导向解决问题型"。因此，男女各自会在瞬间看到不同的东西，给出不同的答案。

也就是说，男人与女人是被设计成要完成各自任务的配对装置。

如同饭锅与烤箱，一个是慢慢加温的饭锅，一个是急遽产生高热的烤箱，二者的"正义"不会一致。若要争辩哪个是对的，会僵持一辈子，因为煮出饱满米粒的任务与烤出酥脆吐司的任务，二者的使命原本就不同。不过，一个厨房里也难免会有两个饭锅（或是两个烤箱）。

男女正是因为不同，才有在一起的意义。但是，不管在一起多久都无法相互理解（除非他们懂得这个理论）。这就是男女鸿沟的原貌。

这么写起来，真的很简单。是仅仅几页就可以说完的理论。简单到让人觉得，站在书店看完前言就可以了。

但是，千万不要掉以轻心。

全世界的男女已经意见分歧了好几千年，却直到现在都解不开这个谜题，一定有其缘由。此时此刻，地球上正在吵架的夫妻恐怕有天文数字那么多吧。

人类的大脑有"感性的咒缚"，无论如何都会认定自己是对的，把对方当成笨蛋。这是大脑为了生存所具备的一项非常重要的基本机能，而恰恰就是这一点，阻碍了男女的相互理解。

我能侥幸超越"感性的咒缚"，是因为我曾研究过如何把人类原本应有的模样教给人工智能。从中，我察觉到"男人原本应有的模样"与"女人原本应有的模样"，都是人类维持生存的重要机能。

即便是这样的我，当踏出研究室，用女人的心境来看这个世界，也会因男人的不讲道理而受伤（其实只是冤枉了他们）。

想要解脱"感性的咒缚"，慢慢体悟出对方也有对的时候，就必须在这个过程中以理相待。这就是这本书的使命。

但愿这本书能成为男女间沟通的教科书。

自己说有点难为情，但这绝对是一本人类必读的书，因为真的可以让大家活得更轻松。我由衷期待，这本书能为大多数人带来愉悦。

那么，请大家打开"改变人生之门"。

01

—— 男女的大脑是一样
还是不一样？

首先，让我们来解决说到男女之间的沟通时，一定会被提出的命题——男女的大脑是一样？还是不一样？

男女的大脑皆能搭载所有的机能

那是静态式（Static）差异吗（其中一方或双方都有机能缺陷）？对于这样的质疑，我的答案始终只有一个。

男女的大脑是一样的，两者都是生来就能搭载所有的机能，两者都能做到所有的事。

大脑的瞬间使用方式有性别差异

不过，**大脑在紧张时，对瞬间使用的感性回路的选择是不一样的。**感性回路与生殖战略直接相关，生殖战略不同的哺乳动物的雄性与雌性，当然会有不一样的使用方式。人类的男女也不能避免。

因此，平时相互理解的两人，遇事时会有完全相反的反应。

女性常有这样的经验——本以为温柔体贴的男友一定会安慰被欺负的我，没想到他却对我说"你该那么做"，让我非常失望。分明不是我的错，他却替别人说话，太过分了……

然而，不该把这样的表现视为不够爱，因为"纠正眼前的人的缺点，及时把对方从混乱中救出来"是长久以来男性用来存活的第一手段。但是，大多数的女性不清楚"男性脑的进化历史"，所以会深深受到伤害，这就是男女鸿沟。

男女的大脑是一样的，只是选择瞬间的使用方式时会采取完全相反的战略。就这个角度来说，大脑是有性别差异的。

第三种大脑

但是，大脑的性别差异，未必与身体的性别差异一致，虽然为数不多，但有人搭载的是会瞬间选择异性感性回路的大脑。

那是与多数男性、女性都不一样的第三种大脑，从遥远的太古时代就一直有一定数量的诞生。既然如此，这也可以说是人类的战略之一吧？混杂着一定数量的不同于多数人的第三种大脑，想必有助于人类扩展生存的可能性。

这本书虽是讨论出现于多数男女间的"沟通压力"，但并未把少数人的感性排除在外。

往往那些少数人会更强烈地使用他们的感性。我的同志（Gay）朋友们，都比我更加会运用女性脑，若是纯粹以"大脑的性别差异"来阅读本书，应该也能让LGBT群体（性少数群体）的朋友们及其伴侣们作为参考。

附带一提，男性即便是运用女性脑的思维方式（能产生共感、有很强的危机回避能力），性取向也未必会反转。

活得很有男子气概，却有细腻的过程解析能力，擅长下直觉式判断，因而获得肯定的男性也不在少数。

没生过孩子的女性并非不完整

关于"没生过孩子的女性",我也有句话要说。

有人说"女人要生过孩子才算完整",这是不对的。

女性的确会因怀孕、生产、哺乳而引发荷尔蒙的剧烈变化,改变形象,幸运的话,能同时具备细腻与坚韧。而且,为了把自己的资源(时间、意识、劳力)全部奉献给孩子,女性对事情的看法会变得极为偏颇。面对重要的人事物,她们会把共感能力提升到极限,若没有这样的能力,就无法养育孩子。这样的能力放在工作上往往能成为对顾客及市场的共感能力,取得成绩。

但是,没生过孩子的女性,她们的成长也不会就此停滞不前。她们的大脑会累积生产、育儿之外的经验,这些经验会让她们变得细腻而坚韧。

没生过孩子的女性,会保有公平性地成长,会把女性与生俱来的母性机能,公平地使用在周遭人身上。在很多组织中,她们是团结组织的中枢。全世界的宗教，从很久以前就开始保护没生过孩子的女性（修女、尼姑、巫女），这自有他们的道理。

本书以正在养育孩子的女性来当成女性脑的感性使用方式的典型例子，只是为了方便作为"使用方式发挥得淋漓尽致的案例"。在此我必须声明，绝不是排斥没生过孩子的女性。

对性别差异视而不见，无法消除沟通压力

那么男女的大脑是不一样？还是一样？

针对这个命题，正式答案是**"机能上一样，但瞬间使用方式有时候会完全相反"**。

可以说，把沟通压力的要因都归结为在瞬间使用方式的差异上，也不为过。

如若一直提倡男女的大脑是一样的，就永远填不平男女之间的鸿沟。

所谓感性是大脑"用来存活"的指南针

这本书把感性定义为**"大脑在无意识中瞬间使用**

的神经回路的特性，是"大脑在紧张时用来存活的手段"。

依据人工智能的手法，探索这个"瞬间使用方式"，会发现人类大脑内存在着"两种感性模型"。

换言之，感性只有两个主轴。

在这个世界上，并没有千差万别的感性，而是由两种感性模型的使用比例及使用机会的差异，衍生出各种变化。

不过，从五感传来的信息的接收区间（感知范围），有着多彩多姿的变化。

据说在沙漠出生的人，可以瞬间辨识出几十种红陶颜色（红棕色系）。在日本人眼中一成不变的沙漠风景，在他们眼中完全不一样，沙漠民族会相约在平淡无奇的沙漠正中央，异国民族完全无法理解，但在他们眼中，那或许是风景很特别的地方吧。

反过来说，出生在绿意环绕的海洋国家的日本人，可以瞬间辨识出几十种蓝色、绿色。我们即便不是渔夫，也会判断寒暖流交会的海流；即便不知道杂树林里树木的名称，也能瞬间知道它们都是不同的种类。沙漠民族如果知道"日本有那么多绿色系、蓝色系的颜色名称"，一定会目瞪口呆。

在日本人眼中，沙漠民族是"辨识红陶色的天才"，反过来，在沙漠民族眼中，日本人一定是"辨识绿色的天才"。

同样，由音乐家抚养长大的孩子能听辨声音，由艺术家抚养长大的孩子能赏析艺术。被烹调高手的母亲带大的孩子，会提升烹饪的素质。被掌控欲强的父母带大的孩子，则会成为察言观色的天才。

这是大脑接收感性信息的区间（感知范围）的差异。**在被视为"在某人生活环境下，为了生存有其必要性"的领域里，敏感度会突出升高。**

就这方面来说，能活到现在的人，都是某种"感觉天才"，虽然在领域上各有赚钱能力的差别存在。

通常，大脑具有在艺术领域的接收区间的人，才会被说"感性丰富"，但这是不对的。在恐怖袭击频发地带存活下来的感性、成天悠悠哉哉生活的感性，都是感性。按理，凡是"在某种特定环境存活下来的才能很强"的人，都应该说是"感性丰富"的人。

因为感性是大脑"用来存活"的指南针。

感性的基本回路

"发生事情，大脑紧张时"会如何应对，是最重要的存活之道。亦即"大脑紧张时瞬间选择的神经回路"，就是感性的基本回路。

这个回路只能大致分为两种。

一是靠"找出缺点"，做到"快速解决问题"，**"提升遇事的危机应对能力的回路"**。

一是靠"相互共感"做到"深层察觉"，**"提升平时的危机回避能力的回路"**。

从大脑的这两个主轴来思考，危机回避能力与危机应对能力，是提升生物生存可能性的两种终极机能。

大脑早已预先决定了"瞬间使用的一方"

一对会相互干预的竞合机能存在于大脑内时，大脑若不预先决定"瞬间使用的一方"会有危险。

例如，没有惯用的手会如何呢?

若是大脑对右半身与左半身的感觉认知完全公平(同等),就无法闪避飞向身体正中央的石头。因为很难算出"应该往哪边闪躲",石头本身也会稍微左右摇晃地飞过来。要抓住往下掉的东西也一样,如果先看着掉下来的东西,再计算该出左手还是右手? 哪一只手的旋转角度可以比较小? 神经系统的处理就会来不及。

跌倒时也一样,因为瞬间伸出、瞬间缩回的手已经决定,所以人类才能闪避危险物、捕抓猎物、跌倒也不会伤得太重。反过来说,没有惯用手的人类,是无法存活的。最好的证据就是,目前人类都有惯用手。

男女感性一分为二的理由

同样,如果大脑在紧张的瞬间,犹豫是该使用危机回避能力还是危机应对能力,就会有危险。

在荒野遭遇危险中进化而来的男性脑,会瞬间使用危机应对能力。那是毫不犹豫地指出同伴的缺点,是救命的沟通,因为没有时间与下一秒将要踏进沼泽的人产生共感。

而作为哺乳类的女性，会在与女性同伴的亲密沟通中，彼此分享乳汁、分享养育孩子的智慧，来提升群体的生存可能性。**她们要瞬间产生共感，使用危机回避能力才能存活下来**。如果毫不犹豫地指出同伴的缺点、把事情闹大、赢得胜利后被大家敬而远之，就不能再跟同伴彼此分享乳汁，也不能再得到一点点的生活智慧，生存可能性会一举下降。

几万年后，毫不犹豫地纠正同伴的男性存续下来了，瞬间相互产生共感的女性留下了许许多多的子孙后代。最后，便有了二十一世纪的男男女女，所以男人与女人的"瞬间感性回路的使用方式"会一分为二，也没什么好奇怪的。

反倒是我找不到证据可以说明，几万年来生存战略都不一样的两种大脑的感性"没有不同"。

多元（Diversity）共融（Inclusion）的要点

不过，感性的鸿沟并非只会出现在男女之间。

例如，"几代都在严苛的环境中存活下来的人们"与"几代都在比较优渥的环境中存活下来的人们"之间，也会有不同的回路的使用比例。

前者会执着于"把眼前的事分出个是非黑白"，后者会认为"为了长远的未来结果，对眼前的事偶尔糊涂一下也有好处"。要在这两者之间找到政治性的共识，是非常困难的事。

如此这般，国家或民族之间彼此不相容，大多也是因为感性主轴的使用方式出现了差异。这本书是把重点放在男女间的沟通上，没有触及民族间的沟通，但我自诩其中蕴含着许多类似的暗示。

男性与女性原本就是分属于感性的两个主轴的关系，是最适合用来学习感性的两个主轴的模型。能成为男女之间的沟通高手，也能提升民族之间的沟通适应能力。

解除"男女鸿沟"，是解除这世上的沟通隔阂的关键。

"说到多元共融（接纳多样性），并不只限于男女，把重点仅仅放在那里也太奇怪了吧？"这么说的大哥大姐们（我应该称各位小弟小妹吧），我希望你们能先来面对男女间的沟通。

那里面有人类诚恳地想存续下去的架构，简直令人动容。身为人工智能的开发者，对于鲜活的大脑的"美丽而又正确的构造"，只有满满的惊叹。与这样的大脑的存在意义相比，人工智能的存在根本微不足道。

总　结

●男女的大脑没有机能上的不同，两者都可以搭载所有机能。

●不过，大脑紧张时的瞬间使用方式，有明显的性别差异。

●"瞬间使用方式"的差异，正是所有沟通压力的要因。

02

——

感性的结构

接下来要叙述的感性论，是来自我对人工智能的研究。

这个研究的基础在于，为求把人类的感性（"瞬间的言行""瞬间的情绪"的构造）教给人工智能，而以系统论来探索人类大脑的研究，我把这个研究领域命名为大脑模控（Brain Cybernetics）。"模控（Cybernetics）"是生物学与工学融合领域的词语，也是"网络（Cyber）"的语源，"大脑模控"是指在脑科学与人工智能的融合领域，以阐明人类的感性为目标的学术分支。

对大脑模控的探讨，不同于对脑生理学及心理学的探讨，其目的不在于"弄清脑组织界线"或是"心理障碍的治疗"，而是积极地将"大多数男性

（女性）瞬间反应的行为、瞬间产生的感知"类型化"（Typification），然后将其归纳为像数学或物理公式那样可以用来实践的"沟通公式"，这才是这个理论的正确使用方式。

用后面即将说到的两种模型来定义人类的感性，就能让人工智能学会人类感性应有的模样，使其搭载理想的沟通机能。

而且，也能让活生生的男男女女们了解男女鸿沟的原貌，并消除沟通的压力。在这方面，我有"极具说服力的临床案例"，毕竟我被称为"男女脑专家"已经有二十年之久了。

凭这两点，我可以断言，人类的大脑内存在着两种感性模型。

遗憾的是，感性亦即大脑的瞬间使用方式，此过程不能呈现影像。即使能呈现电子信号，也没有办法直观地显示出是"产生深层察觉的回路"还是"急着解决问题的回路"。更不用说通过解剖死亡的大脑来理解感性了。

如同物理学找出行星或基本粒子的规律性，从而解开宇宙诞生之谜那样，感性的脑科学也有能力找出日常生活中的细微规律性，从而解开其根源之谜。

感性的两种模型

紧张时的大脑瞬间会使用的2种神经回路

过程导向共感型	终点导向解决问题型
由**感情**唤起记忆 解析**过程** 形成**深层察觉**的神经回路 对话型式：**共感型**	掌握客观**事实** 锁定**目标** 快速**解决问题**的神经回路 对话型式：**指向型**

不同于医学生理学领域，理学工学领域不全是由看得见、摸得着的东西构成的。

如果学了我的感性的脑科学，在传达给他人时，被某个大人物质疑："男女不一样？大脑里哪有那种东西？是有影像能证明吗？男女脑论不科学！"请不要退缩，只要冷冷地回应："这是看待事物的方法的科学，采用这样的方法，可以解决现实问题。请当成数学公式或物理的运动方程式，用过后觉得有用就请使用，觉得没用就不要用。仅此而已。"

只相信眼见为实的人，永远无法理解某些人凭"事例的重现性"来做一定程度上的判断这种能力。不必跟这样的人正面交锋。

那么，我们接着说下去吧。

感性的两种模型（大脑的两种瞬间使用方式），是过程导向共感型与终点导向解决问题型。

2-1

过程导向共感型

过程导向共感型，是以使用感情"触发器"来解析过程为主的大脑使用方式。

过程导向共感型是用来做"深层察觉"的感性模型

把感情当成触发器（扳机），唤醒记忆，大脑就会重新体验记忆，察觉出没能在最初体验中察觉到的事。

"我要是这么说，就会被他数落……真是气死人了。"像这样唤醒记忆，就会察觉"如此说来，是那句话突然把他惹火了"。

如果想在对话上能灵活运用感情触发器，最重要的是让谈话对象产生**共感**，稍后再详述。这样比较容易触发情感，消除大脑的紧张，在潜在意识形成的"深层察觉"就容易表层化。

感情触发器是避险的关键

而且，感情触发器还有另一个特征，那就是**它能瞬间调出过去类似的经验**。

过往的体验形成的记忆，会像索引一样注明心境的变化（如感情、情绪、心情）。我们把这个感情的索引，称为"感情键"。当下的心境起变化时，这个感情键就会成为触发器（感情触发器），把附带同样情绪的记忆从脑海中调取出来。

例如，突然感到不安时，可以瞬间调取出过去与此刻同样的不安收藏在一起的记忆，诸如"这是不是很像爸爸病倒前的感觉呢？要马上去医院才行"等等。

也就是说，运用感情触发器的大脑，善于察觉潜藏在日常生活中的危机，在酿成大祸前先做预警处理，而且，这些几乎是在无意识中完成的。

要说感情触发器是避险（危机回避能力）的关键也不为过。

翻旧账的天才？

不过，对旁人来说，这样的能力有时很麻烦，因为会一而再地、活灵活现地回想起现在说出来也无济于事的陈年旧事。因为是重新回味一遍，所以连细节都会想起来，甚至会有新的发现。丈夫随便说句不过脑子的话，就能瞬间把丈夫过去说过的不过脑子的话都调取出来，有时还可以重新做文章。

像这种，处于很容易启动感情触发器状态的大脑型人，在旁人眼中，就像"满腹牢骚""翻旧账的天才"。

但是，绝不能把这种行为视为"蠢事"而藐视它。

在这种行为的背后，有着"深层察觉"与超群的避险能力。

女性的大脑倾向以过程导向共感型为优先

我想大家都已经注意到了，大多数的女性会使用感情触发器。因为自古以来，在负责养育儿女的女性的生活中，比起把眼前的事分出是非黑白，"深层察觉""避险"更关系到生命安危。

运用感情触发器的过程导向共感型是靠深层察觉，取得人际关系的平衡，不断重复下意识的避险行为，以守护家人与同伴的大脑使用方式。这也是一种素养，让女性可以毫无压力地完成多项任务，具体稍后会再详述。

被迫度过漫长哺乳期的人类女性，恐怕是从几万年前，就开始在女性同伴的亲密沟通中，彼此分享乳汁、分享育儿的智慧。她们就是靠共感来这样做的。

女性们用来提升生存可能性的精髓，牢不可破地搭载在女性脑里。透过好几万年的名为生殖（共情能力强的女性脑，会留下许多子孙）的过滤器，被磨炼得越来越敏锐。

"共感"是扮演感情触发器的辅助角色

女性们在对话时，经常会用到共感（"我知道、我知道"），也是因为拥有容易启动感情触发器的大脑。谈话对象一说到"心情"，就能瞬间抽出与同样心情关联的记忆，与对方同频。

而且，对他人的体验之谈产生共感，对这个体验的记忆就会附带感情键，所以，共感型的对话能够量产附带感情键的记忆。

请大家想想带着孩子的母亲们，在公园站着闲聊的画面。如果有个母亲说："上礼拜我的孩子发烧，半夜一直烧到将近四十度……"其他母亲就无法保持冷静，会说："天呐——太可怕了。"惊骇颤抖地听对方叙述。没有几个母亲会说："这样啊，四十度哦，然后呢?"这般冷静地倾听事情经过。

因为，**此刻最重要的就是共感**。有了感情，刚刚听到的体验之谈就会附带感情键，以后就可以靠感情触发器，瞬间唤醒附带感情键的记忆。"我不知道该怎么办，只好打"一一九"，结果他们说要打去急救中心，那里给了我很多建议，我就做了……"在自己的孩子也发生同样状况时，就能立即想起这类的话。

而且，附带感情键的记忆，不会被埋没在时间序列中。经过几十年，也能历历在目地重新回想起，在孙子、曾孙身上，都能瞬间使用。

可以像刚刚发生的一样，说出好几十年前"丈夫说的一句很过分的话"——只要有回想这样的能力就行了。与此相同的事，也经常使用在拯救家人性命的场面上。

写给"过去的错误"被翻出来好几次的人

翻旧账是瞬间反射神经下的行为，即使被制止也停不下来，而且，每次想起来都会历历在目地再次受到伤害。也就是说，想起一百次，就会受到一百次的伤害，所以必须道歉一百次。被责备的一方，只会觉得对方很卑鄙，但是，对方并不是故意拿它当成武器来使用的。

老婆的翻旧账，在育儿期间特别严重（育儿不能缺少感情键），不久后会逐渐改善，而且，不会对已

经死心的人这么做。被翻旧账，就当作是她的母性与爱的证明，向她道歉吧。

先为这种时候备好**"和好条款"**（递上特定的点心、帮忙做特定的家事等），或许会比较方便。如果被翻旧账，道歉后家里的气氛还是很凝重，可以去附近的便利超市买她喜欢的品牌的冰淇淋。每次都这么做，负面记忆（仅仅一次的过错）就有可能变成正面记忆（不变的诚实）。

如果是在职场，过去的错误被翻旧账好几次，代表那件事一直卡在对方心里。最好有所觉悟，不久后会变成憎恨、鄙视的危险种子。这时候，要在还没有被翻旧账的平时，诚诚恳恳地道歉。可以趁着在一起出差或用餐的机会，说："那时候我对你说了很过分的话。"或是说："那时候我应该××做，现在我才深切体会到部长说的话。"

当然，对妻子或恋人，也可以在散步或兜风时，说："对不起，那时候我说了那样的话，你一定很难过吧。"幸运的话，就不会被翻旧账。

在被翻旧账的时候道歉，不过是在还"利息"。唯有在"没发生什么事，过得还算幸福的平日里"道歉，才能还"本金"。

过程导向共感型的右脑与左脑有紧密的连结

过程导向共感型的大脑，会运用右脑（感知领域）与左脑（显在意识）的合作信号。这是为了以感情（右脑）作为触发器，唤起（左脑）过去的记忆，或是把认知的事实（左脑）附上感情（右脑）的索引收藏起来。

反言之，左右脑合作无间，大脑就常被当成过程导向共感型来使用。这点有照片为证。

根据二〇一四年美国宾夕法尼亚大学发表的男女脑的神经信号图，已经确认女性的大脑有高频地使用左右脑合作信号的倾向。

有很多论文提到，在女性大脑中用来连结右脑与左脑的神经纤维束"脑梁"比男性的大脑中的粗。

尽管可以搭载所有的机能，却很容易在瞬间变成过程导向共感型——以此来定义"女性脑"应该不会错。

神经信号对比图

女性脑

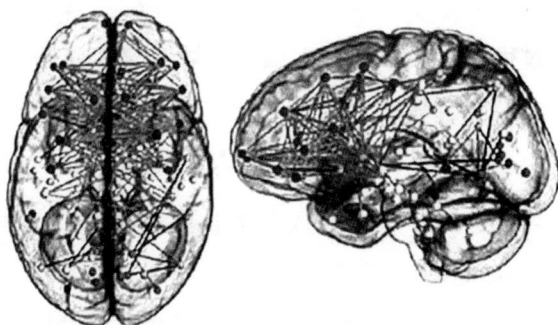

左右脑连接（横向）显著

男性脑

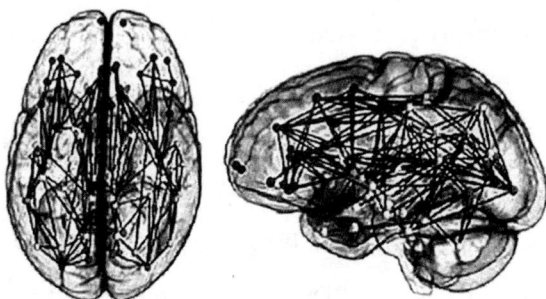

由前脑至后脑纵向深度连接显著

引自：Madhura Ingalhalikar,Ragini Verma et al. PNAS 2014:111:823-828
"Sex differences in the structural connectome of the human brain"

总　结

• 过程导向共感型是会运用感情触发器来解析过程（精查过去记忆）的脑神经回路。是靠彼此产生共感做出"深层察觉"，提升平日里的危机回避能力的使用方式。

• 要灵活使用感情键，不可缺少"共感"。

• 很多女性倾向瞬间以过程导向共感型为优先。

• "翻旧账"是过程解析能力很强的证明。

2-2

终点导向解决问题型

　　所谓终点导向解决问题型，是把注意力集中在达成目标的大脑使用方式。

终点导向解决问题型是用来"锁定目标"的感性模型

　　终点指向型大脑，会在意识到的第一时间决定目标（终点），说成锁定目标会更为贴切。因为这种大脑只能清楚地看见目标，很难看得见那之外的其他事物。

　　然后，瞬间分辨出影响达成目标的危险因素，以便快速应对。没有发现危险因素，便会毫不犹豫地向前迈进。

判断快速、具有遇事时的应对能力，就是这个神经回路的特征。

不懂他人的心情？

要锁定目标，会用到大脑中空间认知的领域。

因为无论是物理空间（例如猎物）、还是概念空间（例如商业案件），都必须弄清楚目标的位置信息。究竟是"又远又大"的案件？还是"又近又小"的案件？必须与周边案件做比较，计算达成的难易度。也要尽快察觉会做出危险动作的人。

为了成功做到这些事，必须把注意力集中在脑内拓展开来的思维空间。**没有时间顾及"身边杂七杂八的事"或"过去种种"**。此时，最殷切的期盼是把那些杂七杂八的事最好都能托付给过程导向共感型的大脑，不要把自己卷进去。

也就是说，"找不到眼前的东西""无法体谅眼前的人的心情""充耳不闻"，都是优秀的终点导向

解决问题型脑的特性。遗憾的是，如果这种特性不能
被包容，那么这个大脑的解决问题能力会逐渐低落。

男性的大脑倾向以终点导向解决问题型为优先

运用空间认知能力的终点导向解决问题型是身处
荒野，在遭遇危险中，能瞬间拯救同伴和自己，同时
带着狩猎成果回家的大脑的使用方式。

男人们用来提升生存可能性的精髓，坚定不移地
搭载在男性脑里。透过好几万年的名为生殖（解决问
题能力强的男性脑，会留下许多子孙）的过滤器，被
筛得越来越敏锐。

前文提过，宾夕法尼亚大学曾发表男女脑的神经
信号图，从男性大脑使用方式的神经信号图中，可以
看出右脑与左脑的信号不相连接。

右脑是感知区域，是整合来自五种感官的信息，
将其转换成形象的领域。再以位于大脑中心的脑梁为
媒介，把形象带到左脑，让它显在化。

右脑与左脑连一条连接信号都没有，这表示
"虽然能感知进入五种感官的信息，却不能认知那些

是什么"。

这么说，旁人应该会觉得这个被实验者像是在发呆。然而，他的大脑的神经信号却处于**"极度活跃的状态"**。看得出来正往上下、纵深，既广且深地使用着大脑，运用着空间认知的区域。

亦可以说是"不理会眼前杂七杂八的事，处于极力精查大脑的空间认知区域的状态"。

终点导向解决问题型的大脑是高性能雷达

轻轻把意识从现实空间抽出来，精密地使用大脑的想象空间。这时大脑会把传感器的信息与现实空间的影像重叠，具有汽车倒车影像般的机能（或是《星际大战》中的战斗机要瞄准武器时使用的人工智能雷达般的机能）……

要瞄准猎物的时候、在没有地图也没有 GPS 的时代要去天涯海角再回到原地的时候，男人们一定是使用了这个暂时把意识从"现实空间"腾出来，以精查"大脑的想象空间"的机能。在"现实空间"与"想象空间"精确重叠的瞬间，男人们就会毫不犹豫地全力向前迈进。

平时的"发呆"就是把"意识腾出来"的练习。

不过，终点导向解决问题型当然不是男性脑才有的机能。女性当中，也有人高度使用这个能力。所以严格来说，"发呆"并非男性的专利。我既然歌颂了"男人们的雷达机能"，宣扬了"男人们的发呆"，就一定要附带说明这件事。

就读女子大学物理系的我（虽是物理系，但班上同学都是女性!），从经验得知，理科的女生们有很多跟男生一样会发呆。对于"女生的发呆"，希望大家也能宽容以待。

无我的境界是怎么样的境界?

第一次看到男性大脑的神经信号图的照片时，我想起了某个僧侣说过的话。他就是释彻宗先生，也是位著名的作家。

我问："无我的境界是怎么样的境?"他给了我十分绝妙的答案。

他说——黑川老师，那就像眼前有蚂蚁走过去，

那只蚂蚁的黑点映在了视网膜上，大脑却不会出现那是蚂蚁的认知。

对探索大脑机能的女性研究者来说，这个回答简直可以说是奇迹。因为后来我看了男性脑的神经信号图，"眼见为凭"，才想通那句话的意思。于是，亦有了"对男人们的深刻理解"。

战国武将为什么要打坐？

没错，男人们平时发呆（边看电视新闻边发呆、跟不上老婆说的话一直发呆），都是进入了那种无我的境界。是脱离眼前的"世俗"，精查大脑的瞬间。

或许是靠发呆来磨炼空间认知能力。平时发呆能力强的男生，想必瞬间判断力、遇事时的危机应对能力，都是快而精准。

最好的证据是，战国武将不是都会打坐吗？他们是刻意空出发呆的时间，锻炼空间认知力，用来充实大脑的"雷达机能"，活跃终点导向解决问题型的脑神经回路。因为在没有传感器也没有雷达的时代，组织的存亡都决定于领导者的瞬间判断。

但是，在政治能力上，也需要过程导向共感型的感性。那是善于参透世俗的能力。

我认为青史留名的名将们，不是两种感性交互使用，就是有参谋（也包括老婆、恋人）辅佐自己欠缺的素养。

大脑与组织力

在二十一世纪，终点导向解决问题型也是决策者的必要素养。组成董事会的成员每天都要处理很多议案，董事会全体成员都必须能够优先使用终点导向解决问题型。

当然，将过程导向共感型全排除也会有危险，但是，两者的适当使用配比并不是公平的。虽然会因企业性质而有所不同，但经营战略会议整体的使用配比中，过程导向共感型最多不能超过百分之三十，否则决策将无法运行。

但是，这并不意味着女性董事不能超过百分之三十。在此我要再三强调，身体的性别未必与大脑的性别一致。

　　最理想的董事会成员，是由既是终点导向解决问题型又能理解过程导向共感型的大脑，与既是过程导向共感型又具有能任意切换到终点导向解决问题型的素养的大脑构成。

　　简单来说，就是具有柔韧感性的男性脑与训练有素的女性脑的组合。

　　训练有素，在后天取得终点导向解决问题型素养的女性脑，有时候比天生的男性脑更难对付。因为这样的大脑不是靠直觉，而是客观地运用解决问题的能力，所以很容易把战略转换成语言，更具有说服力。

总　结

　　• 终点导向解决问题型的脑回路特性，是运用空间认知能力，快速解决问题；

　　是锁定目标，排除感情，提升遇事时的危机应对能力的使用方式；

　　多为男性，有瞬间以使用终点导向解决问题型大脑为优先的倾向。

　　• "发呆"是战略能力强的证明。

2-3

感性的咒缚

来做个总结吧。

过程导向共感型是擅长"深层察觉"与"避险（危机回避能力）"的神经回路。为了正常运转这个回路，必须启用感情触发器。

不会这样做的大脑，会觉得这样的人很情绪化，容易陷入喋喋不休的对话中，把"现在说也无济于事的过去"都翻出来。

终点导向解决问题型的大脑，是擅长"快速判断"与"危机应对能力"的神经回路。为了正常运转这个神经回路，必须断然指出同伴的缺点，把事情闹大，而有时候则会一直发呆，派不上用场。

不会这么做的大脑，会觉得对方是"很过分的人"，不够体贴。

男女鸿沟的原貌

大脑内存在着这两种相反的感性神经回路，多数的女性倾向优先使用过程导向共感型，多数的男性倾向优先使用终点导向解决问题型。

当这两种感性起了冲突，就会形成明显的沟通压力。这就是男女鸿沟的原貌。

把优先使用不同感性模型的对方，预想成跟自己一样，是最糟糕的一件事。这会使我们极度藐视对方，觉得对方没诚意、没道理。

如果熟知对方会优先使用的感性模型，就会察觉从对方看似愚蠢的行为中体现出来的才能，产生由衷的敬意。

参加多元共融的研讨会或座谈会时，主办方代表一定会在开头向大家致词说："要相互理解，秉持敬意。"然而，光靠精神论绝对没用。

因为人会被感性洗脑。

人会被感性洗脑

所谓感性，是为了提升生存可能性而成为大脑基调的神经回路特性。因为关系到生存，所以犹豫会有危险。大脑必须可以毫不犹豫地选择自己优先使用的一方，例如在抓东西时，能瞬间伸出惯用手。

毫不犹豫地做选择，意味着不认为还有其他方式。亦即，相信自己的感性模型就是"世界的一切"、就是"世界的正义"。

当瞬间的感性有分歧时，终点导向解决问题型的人一定会这么想："这个人不行，一直喋喋不休地说着无关紧要的话，不能进行有建设性的对话。听到我好意提供的恳切建议竟还恼羞成怒……会客观判断、快速解决问题的我才是对的。"

而另一方面，过程导向共感型的人也会觉得厌烦，心想："这个人好过分，不体贴就算了，连好好听人家说话都做不到……会为他人着想，做到深层理解的我才是对的。"

要超越这种**感性的咒缚**，我们必须相互理解才行。

当今是男女混合，形成多样性组织的时代。

男女交织在同样的场所中，拥有同样的权利和义务——这其实是人类两性几万年来没有经历过的一个对等状态。

此外，感性本身还有各自的优缺点。有"粗暴的终点导向解决问题型"和"高格调的终点导向解决问题型"，也有"自我意识太强的过程导向共感型"和"为他人着想的过程导向共感型"。

这些复杂地组合在一起，制造出了性别、民族之间的鸿沟。

有时也会男女逆转

大部分的男性会瞬间选择使用终点导向解决问题型脑回路，大部分的女性会瞬间选择使用过程导向共感型脑回路。

当然，也会有少部分男性瞬间会选择使用过程导向共感型脑回路，就算不完全是那样的人，也经常会在平日里使用过程导向共感型。女性也是一样。

在处理职场的工作时，女性也会使用终点导向解决问题型脑回路；在提出想法的会议上，能干的男性也会刻意使用过程导向共感型。

在家庭里，女性面对学龄期以上的孩子时，变成终点导向解决问题型的案例也很多，因为有学习成绩这个绝对性的终点。

因此，在此我要再次提醒大家，**不会因为是男人就一直是终点导向型，也不会因为是女人就一辈子都是过程导向型。**

接下来，要谈的是"过程导向共感型"与"终点导向解决问题型"的对话特性与行为特性，修整、润饰成一本有助于消除沟通压力的书。在文章调性上，会以过程导向＝女性、终点导向＝男性的架构来写，但是，实际上当然有很多类似争吵案例存在男女逆转的情况。

例如，男性上司喋喋不休地说着抓不到重点的前言，让女性部下感到厌烦。或是女性上司猛然提出结论，让男性部下感到错愕、失望。

如果你无法理解本书下面所列举的男女间的案例，不妨试着把男女位置调换来理解，即使是对调性别，那个解决对策也适用。

我无意断言任何事。

这本书接下来所写的内容，只是让大家当成方便使用的工具，而不是要"断定强推"他人的人格。

请不时更换变量，灵活运用我找出来的"沟通公式"。

总 结

- 人的感性有两种。
- 这两种感性的冲突，是沟通压力的原因。
- 这两种感性的融合，是组织能力的关键。

03

——

对话压力

大脑瞬间使用的感性有两种，所以对话也有两种模式。

一种是编织心情故事的"心的脉络"，

一种是急着掌握事实与解决问题的"事实脉络"。

前者是过程导向共感型的表达技巧，后者是终点导向解决问题型的表达技巧。这两者绝不能混淆。

3–1

心的脉络

所谓心的脉络，是把感情当成触发器（扳机）来描述过去的表达技巧，是大脑转换到过程导向共感型的神经回路时展开的对话方式。

从"今天我去了××""对了，三个月前"之类的话起头，再接着说："发生了这种事、发生了那种事，觉得好讨厌（好难过、好生气、好开心，你觉得怎么样?）。"

然而听在某些人耳里，这些只是"满腹的牢骚"。从那些话中丝毫听不出"结论"或"目的"，感觉只有主观，既没有替对方着想，也没有解决问题的意思。

心的脉络是用来达到"深层察觉"的表达技巧

但是，（在前一章也说过）绝不能小看这样的对话，因为这时大脑里面正进行着高度演算。

从感情出发，唤醒记忆，大脑会在下意识中重新体验记忆，**因此会察觉没能在最初体验中察觉到的事。**

像是"对了，那时候……""原来，这件事是那样啊"之类的察觉。有时会察觉人际关系中的扭曲或深层的真相，成为解决根本问题的头绪。

反过来说，当大脑需要"深层察觉"时，感情就会从嘴巴宣泄出来。

这个感性的过程其实也是解决问题的手法之一，并非客观性低、解决问题的意识淡薄。使用终点导向解决问题型大脑的人会批评展开心的脉络的人是"情绪化、头脑不好"，这是不恰当的评论。

以"共感"回应心的脉络

深层察觉基本上是发生在大脑潜在意识的区域。

把这个潜意识里的深层察觉带到显在意识中，就大功告成了。

但是，大脑一紧张，就很难把潜意识下的察觉带到显在意识上。而且，在人们述说感情时，大脑都会紧张。因为大脑正在重新体验不得不紧张的过程。

解除这个紧张，是谈话对象的使命。

要解除大脑的紧张，只有一个方法，那就是"共感"，说：**"辛苦你了，我觉得你做得很好呢。"** 给予共感和慰劳，过程导向共感型的大脑就擅于解除紧张情绪，因为感知到这会提升生存可能性。放松了心情，变得从容了，"察觉"就会显著化。

严禁客观的建议

此时绝对不能做的就是给予**客观的**建议。"对方也有道理""你也该这么做（最好这么做）"之类的客观性建议会搅乱感情触发器，让大脑顿时紧张起来。大脑会感知到"深层察觉"的演算失败，引发强烈的不快，若是原本很相信对方，听了这样的话甚至会心生绝望。

常有男性说："女人呐，给她建议还恼羞成怒，什么东西嘛。"想到那位女性平日对这位男性的信赖，与恼羞成怒时大脑瞬间产生的绝望，两者的落差真的令我感到很难过。

现在，此时此刻，在这个星球上，一定有好几万名女性，正因为被信赖的伴侣说了那样的话而感到失望。而男性却一点都没察觉这些所谓客观的建议已经把两人的关系从天堂变成了地狱。

给建议本身并不是坏事，然而最重要的是，**要先靠共感解除对方大脑的紧张，让她本人完成大脑的演算**。之后再给建议，就会被当成"金玉良言"接纳（应该会的）。

共感技巧①：共情话语+同感的礼物

共感的最高技巧，是共情话语+同感的礼物。共情话语是"我懂你""没错没错""是××啊~""就是啊"等附和的话。在这些话后面,附带过去曾发生在自己身上的同样体验。

就是如下的发展。

"我懂,其实我也是。"

"没错没错,就是那样,我家也是。"

这是能成功使用感情触发器的人,在日常生活中的惯用对话方式。

共感型 A:"昨天被客人说了这种话。"

共感型 B:"我知道,我也被说过这种过分的话。"

共感型 A:"咦,这真的是太过分了。不过,也许真该好好注意一下这种事呢。"

共感型 B:"真的呢。"

共感型 A:"最近老是被念叨婚都结了,怎么还不生孩子。"

共感型 B:"没错没错,每次回老家都会被念叨,烦死了。"

共感型 A:"所以,我都回应说这种事在大城市都是慢慢来的啊。"

共感型 B："好办法。"

运用感情触发器的共感型对话，就是像这样发展。这是心的脉络的制胜法则。相互产生共感，就会找到答案。

即使找不到答案，压力也会消除，动力就会呈现 V 字形复苏。共感型的对话，或许是这世上最快的压力消除法吧。在一分钟内，就能改变心情。

附带一提，如果猛然给共感型的人下结论，就会变成如下感觉。

共感型："昨天被客人说了这种话。"

解决问题型："……"

共感型："我很受伤呢。"

解决问题型："那种话随便听听就好啦。"

共感型："……"

共感型："老是被念叨婚都结了，怎么还不生孩子。"

解决问题型："那种话随便听听就好啦。"

共感型："……"

不能让对方产生共感，无法编织心的脉络，已经启动感情触发器的大脑没办法解决问题，压力就会倍增。

以结果论来说，就算是她们得到了适合的建议，也没办法接纳。

共感技巧②：共情话语+安慰

然而，无法成功启用感情触发器的人，很难送出同感这种礼物。因为无法瞬间在大脑里检索类似的体验。

这时候，只要深深产生共情就行了。然后，可能的话，就使用共情话语+安慰，**点着头说："哎呀，真是辛苦你了。"再做总结："我觉得你做得很好呢。"**

绝对不要突然冒出"你该这么做才对""对方也有道理"之类的话。不必强下结论，共感型的大脑也会自己找出答案，尽管多少要花些时间（很多时候会在隔天早上悄悄反省）。等对方自己说出来，也是一种沟通秘诀。人自我反省时，能领悟到更多的东西。

当然，面对下属，的确有必要提出确切的建议做总结，但是，在那之前可以先产生共感。这样对方就会"深受感动",把建议听进去。

面对老婆或恋人,除非事态严重,否则不必给什么建议。**要让她觉得即使全世界的人都责备她,你也会支持她到最后一刻,这样在"事态严重时"的建议才会奏效。**

尤其是情侣之间,很多男性都会想"给她建议,让她觉得我值得依靠",但效果完全相反。要说:"辛苦你了,我觉得你做得很好"这样的话,才能压倒性地受到欢迎。

共感技巧③:很难产生共感时

无法产生共感时,也要勉强产生共感吗?假的共感也可以吗?曾经有人问过我这个问题——

有点郁闷的老母亲对我说:"活着也没什么意义,活得好辛苦。"我回她说:"妈,这世上还有更辛苦的人,你还差得远呢,加油。"她听了却更沮丧,让我无法产生共感,也不想产生共感。后来心想,她这是在讨什么安慰嘛,越想越生气。即使这种情况,也要去共感吗?

我的回答是，**即便如此也要去共感**。

我的母亲也一样，会心灰意冷地说"活着没有意义"，我会回她说："妈，你真的好可怜，好辛苦喔，我好想替你受苦。"

母亲是传统日本舞蹈名人，行动不便后，也没停止上半身的舞蹈练习。还没学会曾立志"总有一天一定要学会"的曲目，就连起床都有困难了，只好放弃舞蹈。

我也跳舞，最害怕的就是万一哪天不能跳了。所以，能深切理解"好想再一次随心所欲地活动身体"的心情，可以的话，我希望能跟母亲互换一天身体，让她再跳一次舞。我由衷地这么想，就能由衷地产生共感。

结果母亲对我说："那怎么行，要让你替代我，我宁可自己努力。"

我恳求地说："妈，你只要活着我就很满足了。因为孩子不管到了几岁，都会为了得到母亲的称赞而努力。"我出书，母亲会高兴，我上电视，母亲会高兴。如果这样的感受不见了，我是否还能继续创作？

我真的没这个自信。

无论是谁，只要搜寻，都能在心中找到这样的感受吧？可以试着收集这些感受，与对方产生共感。

因为"共感"可以解除过程导向共感型大脑的紧张，是具有魔力的语言。

对难以产生共感的事，也要设法产生共感。这样，反而可以让过程导向共感型的人坚强起来，不必担心"产生共感纵容了对方，会让对方错上加错"。

共感技巧④：让长话短说的方法

过程导向共感型的大脑，会先"铺垫"。谈话对象如果不打断，失去打断的时机，对方有时会说个没完没了。铺垫拖长了，当事人说得开心倒是无所谓，但是听的人会受不了。

最后忍不住问："所以你到底要说什么？""这件事的结论是什么？""先说结论吧？""所以结果怎样？"……惹得对方不高兴。

让我们举个具体的例子吧。

有个朋友聊起"旅途中偶然发现的餐厅很不错"，

把那里的菜单从头到尾说了一遍，中间还穿插描述进来的客人的模样。但是，话越说越偏离主题，没有总结也没有结局，感觉就像没完没了地看着什么事都不会发生的防盗监控录像。

这种时候，如果是过程导向共感型的听众，会想起自己以前进去过的"旅途中的餐厅"的景象，边重新回味当时的心情，边把两个景象重叠，完全乐在其中。但是，终点导向解决问题型的听众却无法那么做，只会觉得无聊，不耐烦地问："你到底要说什么？""还没说完吗？"

然而，一直催后续，这百分百会惹对方不高兴，即使知道会这样，还是忍不住要催……好痛苦。

这种时候，当然可以打断对方的话。不，必须打断。

但是，不能问："你到底要说什么？"而是要问：**"那么，你呢？"**

以这个例子来说的话，就要问："那么，你吃了什么呢？"问的时候还要摆出**"我对你本身太有兴趣了，没办法再听你说那家店的事"**的姿态。过程导向共感型的谈话对象，会很自然地这么做，因为她真的很在意"对方吃了什么"。

其实，像是"看什么都不会发生的防盗监控"般一成不变地说个没完没了，就是为了给"说吃了什么"做铺垫，想引起对方的期待感。

就像在恐怖电影中，先让观众看"小孩子嘎吱嘎吱骑着三轮车经过黑暗走廊的画面"那样，让观众觉得像是会发生什么事，看得紧张不安后再让事情发生，这样恐怖感会增加好几倍。过程导向共感型的大脑，会在日常对话中使用这个技巧。

当说到有对老夫妇，点餐时在竹荚鱼套餐、花鱼套餐、炸虾套餐中犹豫不决……最后点了炸虾套餐……话题结尾若落到："我吗？我吃了煎蛋套餐。"不就可以热烈讨论："咦~你点那个？为什么?!"若落到："我当然点了炸虾套餐。"也可以热烈讨论："我想也是，怎么样，好吃吗？"

也就是说，那么长的一段话，只是要诱导大家问"那么你呢？"的铺垫。如果都不问，只是听，话就会越说越长。就像日本岩手县的美食小碗子荞麦面，不把碗盖盖上，店家就会一直加面进去。所以，为对方涛涛不绝的讲述也盖上盖子吧。

要在恰当的地方说："那么，你呢?"或是说："那么，你怎么做了呢?""那么，你怎么说了呢?""那么，你怎么想的呢?"

即使是平时常用过程导向共感型的人，学会这么做也没有损失。因为即使是女人，有时也会对母亲或朋友们东拉西扯的话感到困扰。毕竟，对事情后续不感兴趣时，很难自然地说出："那么，你呢?"

对男性上司的"长话"要用其他方法

不过，自我表现欲强烈的终点导向解决问题型的大脑说出来的长话，不在此列。

同样是没完没了地述说自己的心情或经验，也未必全都是"心的脉络"。为了向他人宣扬自己的存在价值与主张而占用时间的类型的人，一开口说话就停不下来，越是被诱导就说得越长。既然话说得那么长，那就是过程导向啰? 并不是，是终点指向。这类型的人，想要的不是共感，而是轰轰烈烈的终点

（"你好棒啊"之类的认证行为）。

这种情况下，使用共感技巧，很多时候会让对方话说得更长，所以要小心。只能递出"不愧是你""我都不知道呢""好厉害""原来如此"这样的话达到这次对谈的终点，并在恰当的时机切换话题。

经常有人找我咨询，说上司老是重复一件事，令人困扰。

若是提建议的语境，可以对上司说："这的确是一种办法，我会作为参考（我回去研究一下）。"然后转向电脑或站起来。

若是滔滔不绝的深奥学识，想听就继续听，不想听了就致歉说："嗯，我听不太懂……对不起，我太笨了。"然后转向电脑或站起来。让自己屈居下风，以致歉的姿态逃脱是最好的方式。大家可以试着找出适合自己的方法。

接下来是给过程导向共感型大脑持有者的建议。

共感型注意事项①：过度使用感情触发器

过程导向共感型的高手，即使自己没有过同样的体验，也会拿出"朋友有同样的体验"来说。

"上礼拜我闪到腰了。"

"咦，闪到腰很痛吧，我没有闪过腰，但我住京都的伯母痛得哀哀叫呢。"

话说到这里都 OK，但话题若偏离到"京都伯母"（例如"说到我那个住京都的伯母，去年做乳腺癌检查……"），就会降低谈话对象的对话动力，最好注意一下。

"曾经闪过腰的伯母"的"后续经过"，或许会对这个谈话对象有用，严格来说，不能否定这种可能性。但是，这样无限地扩大过程导向共感型的感情触发器搜索范围，就没办法对话了。

最好记得，把"闪过脑海的事"随口说出来这种事，一个话题里只能有一次。

当然，若是时间多到用不完，也没有特别要解决的问题，就不在此列。这世上应该有彼此如散文诗一般尽情诉说着浮现在脑海的各种事，尽情消磨时间的奢侈沟通。

因他人的"神经大条的发言"或"过分的行为"

而想起过去与他之间产生的类似的记忆时，"你当时
也是"之类的话，最好也只说一次。说多了，会使论
点失焦，无法切实传达真正的心情。

共感型注意事项②：升级要适度

此外，必须注意不要过度升级同类体验。

对"我遇到这么过分的事"的话，回以"我还
遇过更过分的事呢"，这话就太过度了，会让人觉得
是在说"你遇到的根本不算什么"。

两人之间的关系，谈话对象的形象、声音语调，
都会大大影响沟通效果。外在形象或立场看起来有优
越感的人，只要"稍微渲染"同类体验，就可能会给
人"被凌驾（Mounting）"的感觉；看起来谦虚的
人，再怎么渲染，可能都会让人共情，心想"原来你
也遇过这么过分的事……"。当然也可能出乎意料，
有正好相反的情况。

因此，没办法划出什么好、什么不好的绝对界线。
然而，"话题渲染"的绝妙度，是会让人觉得"那个人
很体贴""很会说话""想再见到他"的重大关键。

大家不妨仔细观察，自己的同类体验回忆这种"礼物"，是会将话题炒热？还是会让气氛冷却下来？

共感型注意事项③：把类似体验的"礼物"送给终点导向解决问题型人会弄巧成拙

附带一提，面对终点导向解决问题型的对象，不能突然聊起类似体验。

我的母亲有经常启动感情触发器的毛病，听到父亲说："好美的夕阳啊。"就会说："在××看到的夕阳更美呢。"听到父亲说："这个××真好吃。"就会说："在××吃的才是天下一绝呢。"父亲每次都是沉默以对，后来感慨地对我说："我跟你妈妈不能分享感受。她一定会说哪儿哪儿更好，泼我冷水，我觉得很难过。"

与父亲有强烈一体感的母亲，很可能是想使用感情触发器，复苏过去美好的回忆。

终点导向强烈的父亲，只想把心思集中在"当下眼前的感动"，却被说成是"第二顺位"，兴致全没了。我向母亲确认这件事，她认同地说："真的是呢。"后来据她说有好好表达"当下的喜悦"，但是，她这样做的时间太短，应该还没什么效果吧。

如果对方是终点导向，就要让对方把话题锁定在"眼前的目标"。以我的父母为例，就要认同地说"真的很美呢""太好吃了"，暂时跟对方一起感受，不要马上说出"类似体验"。

事实证明，能做到这一点的女性，都会压倒性地获得男性青睐。

对愉快的话题产生共感能创造出新的点子

心的脉络型对话，当然也有愉快的话题。"共鸣与安慰"对快乐的话题也有效。

可以说"那太好了""你做得很好，所以那是上天的赞美"等。

很多时候，反复体味愉快的过程，会创造出迈向未来的点子。

彼此说出"最近愉快的事"，彼此产生共鸣——是我希望大家可以用在职场会议的开场白的手法。

我曾拜为师父的一位精明的咨询顾问，他会在战略会议的开场时让大家说出**"这一个月发生的最开心**

的事（令人心动的事）"。我好几次目睹，在场的成员逐渐变成"深层察觉"型。

更有趣的是，越是优秀的商业人士，越能快速回应这个话题，说得生动活泼，而且不会拖泥带水。真是令人惊叹，想必是平时就习惯同时使用解决问题的回路与"深层察觉"的回路吧。

女人为什么无法回答 5W1H?

编织心的对话（心情脉络），有其打开方式的规则。

这跟事实脉络完全不一样。

终点导向解决问题型的人，对话的打开方式大多是询问："今天做了什么?""去了哪里?""什么时候买的?""最近如何?"等。

曾经有人问我："女人为什么无法回答 5W1H?"[指原因（why）、对象（what）、地点（where）、时间（when）、人员（who）、方法（How）六个方面。]

——回到家，看见老婆穿着新裙子，去就问她："什么时候买的?"她却回我说："因为便宜啊。"为什么问女人"什么时候"，她都不针对问题回答呢？

我倒想反问他："为什么那么问？"为什么不能说"那件裙子不错喔""很适合你喔"？

突然被问新裙子"什么时候买的"？会在掌管家用的人的大脑里响起"（都没跟我商量）什么时候买的？"的声音。所以，会回答"（没跟你商量是）因为很便宜"。

其实丈夫是想："这件裙子好像没见过，是新的吗？"为了确认才问老婆："什么时候买的？"老婆却有被质疑的不悦感，所以话题就此打住了。

这时候，如果丈夫的目的真的只是"为了家用管理想做确认"，那就无可厚非，如果他只是"想跟妻子搭话"，那就完全适得其反了。

在职场也会有这样的分歧。问："资料拿哪儿去了？"回："啊，就在那放着呢。"

这也是部下觉得被责怪把资料收起来了，所以急着解释的案例。

但是，在职场上，提问 5W1H 的一方，没有任何不当。部下必须坦白回答 5W1H 的问题。这个话题我们到事实脉络那个篇章再详述。

接下来我将阐述开展心情脉络型的对话时的规则。

想跟男女朋友或家人做心灵沟通时、希望部下可以稍微放轻松时、在想创意的会议的开场时，都要多留意这些规则。

心的对话的开始方式①：察觉对方的变化再开始搭话

以前面的裙子为例，丈夫应该说："那件裙子不错呢（很适合你呢）（很漂亮呢）。"附带一提，即使被回答："不久前也穿过啊。"也不要气馁。因为老婆嘴上虽然那么说，心里并没有半丝不悦。要不然，也可以回她："今天的你看起来很特别啊。"

察觉对方的变化再开始搭话，是最适合导入心情脉络的开始方式。

这个方式有三个技巧。

赞美——察觉对方的正面变化，可以赞美说："换发型了吗？""你看起来很开心呢！""那个手机壳很可爱呢!"等等。

关心——察觉对方的负面变化,可以关心地说:
"你不太有精神,还好吧?""那件事我来做吧?"(跟
正面变化点不一样,不要指出"眼睛下面有黑眼圈"
"头发很乱呢"等具体的负面的事。)

安慰——察觉状况,就安慰对方(对冒着寒冷走
来的人说:"很冷吧?"对提着购物袋走来的人说:
"很重吧?")。

但是,终点导向解决问题型的大脑,很难察觉
"眼前的人的变化"。因为它是随着狩猎进化而来的神
经回路模型,所以,为了瞬间精确地瞄准远方移动的
对象,已经被设定成为不把视线投向眼前种种上
面了。

因此,特别难做到这里所说的"察觉对方的变化
再开始搭话"。

夫妻之间,或许可以将这个开启方法规则化,例
如"老婆买完东西回到家,马上冲到玄关,边接过东
西边安慰她",或是"她一这么说,就那么回她"等
等。但是,职场中的状况盘根错节,很难那么做。有

时也可能成为性骚扰。

因此，我再推荐另一个方法。

心的对话的开始方式②：谈话诱因

另一个方法是使用"谈话诱因"。

把发生在自己身上的事当成礼物送给对方，作为谈话的开端。 也就是，以"今天发生了这么一件事"（若是很久不见的人，就以"最近发生了这么一件事"）为切入的方式。这样的切入会成为诱因，让对方把自己的事说出来，编织出心情脉络。

什么微不足道的事都行。例如："那边的河堤，才一月就开了油菜花呢。""今天是难得的大晴天呢。""我正在看的推理小说，出现了××料理，你知道吗?""中午吃了麻婆豆腐，好麻喔，感觉舌头都还麻麻的。""这首广告歌，我年轻时听得很着迷呢!"等等，把闪过脑海的事说出来就行了。还有，重点是"被忽视也没什么好在意的"。谈话的诱因，是为对方而准备的，如果对方没有心情说话，被忽视了也没关系。我们女性会毫不介意被彼此忽视。被忽视也是预料中的事。

或者，找点事跟对方商量。例如，对同事说："我想不出来要送女儿什么生日礼物。""这附近有好吃的拉面店吗？"对家人说："可以帮我尝尝咖喱的味道吗？""工作的策划书想不出点子，如果是你，这时候会怎么做？"像这样拜托他们，也是一种方法。因为被拜托的人，会对感谢自己的人产生感情。

亲子间尤其可以多多使用后面的方法。我从儿子四岁时，就开始跟他讨论商品策划，以幼儿来说，他给我的点子算是颇有内容，我还曾经采用过他小学时想出来的商品名。可以讨论晚餐的菜单、书架的整理方法，讨论什么都行，这不但会热络亲子间的对话，孩子也会有成就感。还能加强孩子的对话能力。

过程导向共感型的大脑，会自然浮现这种谈话诱因，终点导向解决问题型的大脑却很难做得到。

我因为工作关系，偏向终点导向解决问题型时，会在回家前，或跟女性朋友见面前，先想好**"谈话诱因"的话题**。因为没有点子，就无法编织贴心的交流。为了找话题，我会看书，或是在出差地看看当地有名的面包店，这样当晚就可以跟家人进行贴心的对话了。

若是做什么事情失败了，哀声叹气时，想到"又多了个跟家人、朋友交谈的话题"，还会有点开心。

终点导向解决问题型的人，必须非常用心才能做出"谈话诱因"。说不定还要在回家的路上，先想好"从哪说起"，拟定作战策略呢。但是，这样的努力一定会有意义。

即使是在工作场合，当需要"深层察觉"时，对话的开始方式也很关键。

看看某家直升机运输公司的案例。这家公司有个策划，要收集飞行员们"吓出一身冷汗，幸好没事""吓了一大跳，幸好没怎么样"等擦身而过的危险事例，供大家分享，以防患人为疏失于未然，但是，一直收集不到事例，所以来找我咨询。

据这家公司说，事例的填写件数有数量规定，表格上也排列着 5W1H 式的问题模板。

这样会诱发终点导向解决问题型的神经回路，所以无法引出"潜藏在记忆里的一点点察觉"。

因此，我提议导入聊天式的意见征询会。例如，由已经停飞的飞行员前辈起个头说"以前发生过这种事"，就能引出"啊，我也发生过类似的事""回想起来，我也是"之类的话。

心与心的对话是避险的关键。常发生紧急情况、被要求做快速判断的偏向终点导向解决问题型的商业领域，更需要努力导入心与心的对话。可以充分调动上了年纪的资深员工，现已证实，人过了五十五岁，不论男女都会提升共情能力。"人老了会变得爱哭"就是一个例子，所以没道理不使用这种中老年力量。

心的对话的开始方式③：说泄气话

最后，来说说秘藏的杀手锏。

那就是说说泄气话。

前些日子，有位男性来找我咨询。

——我家有三个孩子，分别十二岁、七岁、两岁了，老婆是家庭主妇。她整天待在家里，也没有几个当妈妈的朋友，我觉得她很辛苦，所以努力想跟她说话。我抛出了诸如"孩子们怎么样?""今天做了什么?"的话题,可老婆却兴致缺缺,不太回话。我改变话题说自己的事,她也心不在焉。最近,她始终臭着一张脸,竟说出了这样的话:"等孩子们长大后,我想离婚,期待那天的到来。"我不知道该怎么办才好。

的确,忙着带三个孩子的妻子,身心上都已经疲惫过度。对这样的妻子说"你今天好漂亮""公司大楼的绿植长出了蒲公英",也只会得到"哈?"之类的回应。

想跟她对话,只能说说泄气话。例如:"今天被下属说了这种话,好沮丧。""在车站帮上楼梯的老太太提行李,居然被她抱怨为什么没有电梯。我又不是车站人员。"

连结心灵的技巧,就在于"说说泄气话,让对方安慰自己"。

我这样给出建议时,提问的男性皱起眉头说:"我不想给疲惫的老婆增加压力。"但是,不必有这种担心。

大脑是靠相互作用(Interactive)变得活跃。

最大的快感来自自己的行为改变了什么。

也就是说，"为对方做什么，让对方产生变化"所得到的满足感，会高过对方片面地为自己做什么。

偶尔也会有靠负面相互作用（让对方受伤）得到快乐的邪恶类型，这点要注意。不过，大多数人是靠正面相互作用（被感谢、让对方开心）得到快感。

奥特曼的妻子

"试着想象成为奥特曼的妻子"——我经常提起这个话题（在其他书里也说过，所以，请"重看"的人多多包涵）。

奥特曼这个男人，会丢下家人，去拯救几百万光年外的不知名的星球上的生物。身为他的妻子，虽不理解他是为了什么，但既然那是丈夫的使命，就只能说"请慢走"。女人不会为了这种事绝望。

但是，奥特曼是英雄，所以，一定不会说泄气话。偶尔回趟家，默默吃完饭，又出门了。作为妻子会因此感到寂寞吧。

没有自己，这个人也能淡然地活着，有没有我在，都与这个人无关……老婆会开始这样想。面对无法产生相互作用的人，大脑会觉得很遥远，渐渐失去感情。

奥特曼也得向心爱的人说说泄气话。

例如，"这里今天被宇宙恐龙 Z-TON 踢到了，好痛"。

如果老婆说："咦，好可怜，我帮你吹吹。"那就回她说："因为有你，我才能继续奋战。"

偶尔这么做，心的羁绊就会重新连结，不容易发生渐渐失去感情这种事。

他是没有我就活不下去的人——这世上还有比这更甜美的沟通吗？

羁绊就该带有不完美。

正义到不行、强势到不行。被这么一个硬得像硬铝合金一样的男人表态"你说吧，我听着"，也只会给人一种"盛气凌人"的感觉而已。

说泄气话的技巧，很难经常使用在职场上。然而，"完美上司"偶尔说出泄气话，就会成为卓绝的人性魅力。

亲子间也一样。并不是身为父母，就必须"正义、强大",快摆脱那样的咒缚吧。

父母展现的泄气,会让孩子看到人生百味。因为"是自己的存在支撑着父母",这样的骄傲会成就孩子的自尊心,也会成就心灵的深度。

要知道,仅对所爱的人示弱,是沟通的最高境界。

心情脉络为什么可以连结心灵?

心情脉络能产生心的羁绊。

理由在于大脑的神经信号的使用方式。

想要编织心情脉络,必须强力连结右脑与左脑。把感情(右脑)当成触发器,以唤醒过去的记忆(左脑),或附加感情(右脑)的索引,把认知的事实(左脑)收藏起来。

右脑与左脑的连结机能,也能用在察觉、担忧、设身处地为对方着想等"贴心"的大脑运作上。进行"心情脉络"的对话,能活跃左右脑的连结,让彼此的心相互贴近。

女人说话没完没了,令人厌烦吗?这时候不该说

这种话吧？如果可以共同编织"心情脉络"，那可是
继续被爱的机会呢。

下属的话长到令人厌烦吗？那也说不定是冒出新
点子的机会呢。

但是，上司说话没完没了，令人厌烦，就不必容
忍了。可以说："部长，关于这件事，您希望我采取
什么样的行动呢？对不起，用语言没办法解释清楚。"
这样打断上司也没关系。因为上司的存在，就是为了
快速裁定与解决问题。

身为上司的人，必须倾听下属的"心情脉络"，
自己的"心情脉络"只能当成话题诱因，起到调味料
般的作用。让下属厌烦、混乱，就是不合格的上司。

家人的羁绊

没有交流的家人很悲哀。

但是，父亲若是问女儿："今天做了什么？""去
了哪里？"也完全聊不起来。

而父母们也觉得孩子无法理解发生在父母身上的
事，所以大多不会使用话题的诱因来找话题。

　　而我会毫不犹豫地对幼儿园的儿子说："今天我在公司被说了这种话，是正论没错，但心里有点闷。"有时被问到："正论是什么？"我就回应他那个问题。大多时候，他小归小但也会绞尽脑汁帮我思考，说："我们在幼儿园，也有过这样的事。"

　　我的儿子过十五岁生日时，我向他道歉说："我应该多陪陪你，对不起，我是个有工作的母亲。"儿子对我说："我下辈子再出生，还是想要有个有工作的老妈（他都叫我老妈）。因为拼命工作很可爱，最大的好处是会把外面的空气带进来。"

　　我很庆幸自己忍着不问："今天做了什么？""功课做好了吗？""明天的课预习了吗？"而是说"今天在赤坂……""老妈这么努力，社长却……"之类的话。

　　心情脉络把我的日常充满临场感地传达给了他，他也会说很多事儿回应我，我们可以彼此鼓励。

　　家人的羁绊必须靠心情脉络才能连结起来。

　　母亲特别会倾向于对儿子使用盘问形式的说话技巧，这点最好要留意。请务必养成使用话题的诱因，做心与心的对话的习惯。这样孩子长大后，亲子间也能展开亲密的对话。

而且，**男生如果不能透过与母亲的对话，学会编织心情脉络，就没有其他地方可以学习了。**儿子将来能否跟女友展开心的对话……全看母亲的本领了。

身为父亲的人，若不想与女儿生疏，也请务必这么做。

总　结

● 对话有"心情脉络"与"事实脉络"两种。

● "心情脉络"是靠过程导向共感型大脑展开的对话脉络。

● "心情脉络"是使用感情触发器，回味过程，做出"深层察觉"的说话技巧。

● 在"心情脉络"上，共感是沟通的关键。

● "心情脉络"的对话，有其打开方式的规则。

● 想得到对过去的察觉时、想得到对未来的察觉时、想连结心的羁绊时，都缺少不了"心情脉络"。

3–2

事实脉络

接着，来说说人类编织出来的另一种对话方式吧。

相对于"心情脉络"，这个方式被称为"事实脉络"。它不会极力对对方的感情做出反应，它的使命是快速灌输建议。

事实脉络是尽快把眼前的人从混乱中解救出来的方法。说得夸张一点，是用来救命的对话。

事实脉络的法则

尽快找到令眼前的人烦恼的问题点，指出解决方案——这就是事实脉络的法则。这样才能切实地保住性命。

例如，看到有人要从已经损毁的桥走过去，任谁都会大叫："不能走那座桥！"没有时间说："我可以理解你的心情、我懂，但是……"

当然，要过桥的人并没有错，错的是把损毁的桥丢着不管的行政单位，但是，没有时间说那种话了。所以要当场否定那个人"要过桥"的事实，是为了救那个人。

事实脉络是用来保护所爱之人的说话技巧

若能贯彻这种大脑的使用方式，在日常生活中也会使用这个方法。例如，邻居太太与自己的老婆发生纷争时，即使百分百是对方的错，丈夫也会说："你也不该那么做，会刺激到那个人的。"

这时候，大多数的妻子会说："明明是那个人的错，你却替别人说话?"勃然大怒，但这样说是不公平的，丈夫并不是替别人说话，只是太爱妻子，想保护妻子而已。

婆媳的纷争也一样。妻子把婆婆一句无心之言告诉丈夫，不料丈夫非但没安慰她，还对她说"你这么做就好了"或"那句话没什么恶意，不用在意"。这也不是站在婆婆那边，而是在保护老婆。

大家都发现了吧？相较于前面章节所说的心情脉络，彼此也太合不来了。

一方想抒发心情，另一方却希望对方只陈述事实。一方希望对方能产生共感，另一方却想指出对方的缺点。

这两种对话方式，混在一起会有危险。就像漂白剂有酸碱两种，这两种都很好用，但是，混在一起就会产生有毒气体。

"建议"的刹车失灵

即使被告知"与女性交谈时不能缺少共感"，正值壮年的男性脑也不会踩下"输出建议"的刹车器。

男性脑原本就是在狩猎及争地盘中进化而来的。只有进入荒野时能在危险中快速拯救同伴，切实做出成果的个体，才能繁衍子孙。在严峻的环境下，共感是危险的。说"我理解你的心情，但是……"之类的话，此时对方可能已经掉进沼泽里了，当然要使用事实脉络的对话方式。这样的男性，历经几万年后应该多数都存活下来了。

而且，正值壮年的时期，在职场上也会被迫"快速解决问题"。男性天生就被定调为解决问题型，三十多岁、四十多岁的商业男士，更是在生意场上把这种天性磨得更敏锐。

在"心情脉络"的章节中提到，家庭内的对话应该留意"心情脉络"。

但是，说归说，被强烈转换成解决问题型的男性脑，还是很难做到女性期待的那种共感型对话。在家庭中，共感型的人也要学会与解决问题型的人说话的技巧。

是共感型人，却能与解决问题型人对话，会被称赞为"能干的女人""聪明的女人",这一点学起来也没损失。

想先知道结论！

能做出事实脉络型对话的是终点导向解决问题型的大脑。它是在一开始就看准终点，把所有资源（意识、劳力、时间）都集中在那里的大脑使用方式。

因此，**无法忍受没有终点（结论、目的）的话。**漫无目的的谈话没完没了地展开，大脑就会试着探索"目的"，被搞得疲惫不堪。

若是老婆的话开头是"今天我洗了两条床单，竟然被风吹下了晒衣竿，都弄脏了"，丈夫的大脑就会开始探索"这件事最后会怎么发展"。

但是，女人的话通常会"背叛"男人。当男人做好"是不是要说差不多该买个能烘干的洗衣机了？"的心理准备时，女人却转向了"傍晚买了可乐饼"的话题，再也没有转回来。在漫长的谈话中，一直没忘记洗衣服话题的丈夫的大脑，压力越来越大、越来越迷糊，最后筋疲力尽。

过程导向共感型的大脑，说这段话是想叙述今天发生的事（过程），在适当时机获得共感，最后让对方安慰自己。

而终点导向解决问题型的大脑，会找寻这段话的"解决问题主题"，最后迷失了方向。

这时候，可以先这样开场，说："今天我可忙了，却又弄脏了两条床单，非重洗不可。本来想做可乐饼……"终点导向解决问题型的大脑知道"今天我很忙"这个终点，就不必再探索终点，压力会大幅减轻。

只要有"今天发生了一件有点有趣的事""总觉得有件事一直卡在心里"之类的开场白，丈夫就不会掉进压力的大海里了。

倘若，丈夫能因此察觉到这是"心情脉络"，与妻子产生共感，夫妻就会永远幸福圆满下去吧。

职场上的会话开始方式

事实脉络的对话，是从结论开始。若是为了找出结论的对话，就从目的谈起。也就是说，必须提出"这段话的主题是什么"。

工作任务几乎都有目标，以此目标展开行动就是"工作"。所以，职场的大脑已经强烈转换成终点导向解决问题型了，在职场进行的会话都是由事实脉络构成。当然，基本上是从提出主题开始。

对上司要先做开场白，例如说："关于××案，现在变成×××了，理由有两点……""我想跟您商量××案。""关于××案，我想确认三点……"等。

对下属也要有切入话题的方式，例如说："我想跟你谈谈关于策划书的修改点，重点有四个。"

共感型的上司，一不留神就会脱口而出："你呀，我不是说过××一定要小心吗？那次也是、这次也是，怎么会没检查到呢？"形成戏剧性的话题导入。脑中闪过了以前同样的失误。这对同样是共感型的下属来说，会是深深撼动心灵的话题导入，但是，解决问题型的大脑听到这样的话，就会分散注意力，漏掉关键重点。

在这种情况下，解决问题型的下属会把自己没听清楚的失误摆在一边，做出"我们公司的上司说话没重点又情绪化"的判断。

共感型的大脑会做出深层察觉，靠避险保护同伴，是能想出超乎意料的新方案战略的职场之宝。但是，在沟通上，让共感型的火力全开，恐怕只会受到不合理的差评。

除非是故意想做"戏剧性的表演"，否则，做简报的开场白，或是想让部下打从心底反省时，**在"对部下做出指示的场合"，要提醒自己使用事实脉络。**

当然，一大早的稍微交心的谈话，或是在需要深层察觉的会议上，用来让与会者放松心情的对话，不在此列。这时候，应该要巧妙地使用心情脉络。

商业谈话的引子

有时候脑海里灵光乍现，却连自己也搞不清楚是什么，无法切入主题。

例如，灵感莫名涌现，在说"昨天在百货公司地下一层买布丁……"这段话的中途，突然跳出了新商品的点子。

这时候，可以说："**有件事我有点疑虑……**"先这样开场就行了。这句话很好用，能让大家知道，这不是单纯的闲聊，而是进入了促成深层察觉的对话。

即便是解决问题型的上司，也会暂时侧耳倾听。

不要让解决方案沦为"虚发子弹"

应该也有很多人觉得，报告或指示应该从结论谈起，然而不好开口的工作事项，还是得从缘由说起。但是，面对精明能干的上司，这么做会有危险。

面对事实脉络型的人，不说结论直接商议，话还没说完，解决问题的"子弹"就会不断射过来。当然，对方是把此举当成好意与诚意而向你做出的正反馈。

事实脉络的所谓解决问题，基本上是指出对方的缺点，所以，心情脉络型的人无法承受。因此，心情脉络的人更应该在一开始就揭示主题。

举例来说，以下是某开发团队的女性领导者说的话。

团队频频发生意外。在意想不到的时期，接二连三收到来自客户变更条件的要求。逐一处理不是不可能，但是，要一次处理完，项目整体就动弹不得了。

在员工间传播的流行性感冒也是一大打击。事到如今，也只能下调下个月的目标，重振团队了。我必须向直属上司报告这件事。

然而，上司的回应竟是"你该这么做""你的想法太简单了""那个处理方式的这儿有问题"，一一否定了女性领导者的做法。她被说得好像全都是自己的错，最后说不出口"下调目标"这个结论，抱着很想死的心情回到了职场。

她百思不解，为什么上司不能理解她的心情。

要我说，这个案例百分之百是这位女性领导者的错。在职场上，先说结论是不变的法则，无论任何场合都不例外。

然而，在这个时候，观察能力强的共感型的人，无法断然说出"想下调目标"这种话。因为会揣度，如果不先说明团队是多么努力，一定无法让上司知道这是多么迫不得已的提案。

因此，共感型人会想先从在团队发生的严苛状况说起。认为等说到下调目标时，上司会关心团队，给予同情——他们很容易下这样的结论。当然，如果上司也是共感型，那真的会这样。

然而，上司若是解决问题型大脑，就会对"意外状况"一一提出解决方案。因为大脑会强烈运转以搜寻"目标"，所以，在听到一件"意外状况"的瞬间，就会仓促地判断那是终点，立即说出解决方案。

就是"啊，球门！射门！"的感觉，完全没有恶意。动作那么快，只是为了教导、支援所爱的下属。

这个案例，上司没有任何过错，**甚至可以说是精明能干、为下属着想的上司，错的是让解决方案沦为"虚发子弹"的部下**。却还反过来抱怨"从头到尾都数落我、说都是我的错"，从事实脉络的角度来看，根本就是"很难管、让人伤脑筋的下属"。

事实脉络的法则，是"从指出眼前的人的问题点开始（即便是其他人犯的错）"。然而，过程导向共感型的人，无法忍受总是被这么对待，最后会被伤得身心俱疲。

一个是真诚的上司，一个是领会力强的下属。两人都没有错，谈话却出现误区，下属因"上司不理解我"而感到绝望，上司觉得"枉费我对她的期待，太遗憾了"，因而降低了对她的评价。

没有比这更悲哀的事了。

所以，无论如何，都要在一开始就说出结论。

难以启齿的事就加上积极标语

不过，大可不必从"下调目标"这么露骨的话说起。在负面的提案上，加上积极的口号标语，这样就好开口了吧。

例如，说**"为了提升顾客的满意度与团队的信心，要把下个月的目标下调"**。把"积极的目标"跟结论绑在一起说。

如此，上司必然会问："怎么回事？"此时再阐述状况："请听我说，最近一连发生重大事件……"

因为已经知道结论，所以，解决问题型的上司也会冷静地倾听事情经过。有时，还会给予温馨的同情。

有的人本身的能力并不突出，却能得到上司的青睐、客户的欢迎、下属的信赖。有的人深思熟虑，对公司有极大的贡献，却无法跟周遭融洽相处。前者与后者的区分，就在于沟通能力。

这世上有两种说话技巧。只要知道这两种技巧，学会使用方式，就能更轻松地活在这世上。

老婆的话听起来像蚊子叫

如前文所述，终点导向解决问题型的神经回路，会为了从对方话中"试着找出目的（终点）"，而变得非常紧张。如果怎么也找不到，大脑持续紧张下会有危险（因为无法完成男性脑的真正任务＝察觉危险），因此，会放弃听对方说话。

所以，目的不清、内容涣散的话，只要持续超过两分钟，就达到了男性压力的界限，他们大多会停止声音感知机能。

不把眼前的人的话当成语言来感知，只是茫然地听着声音。有位男性形容道"老婆的话听起来像蚊子叫"，这大有可能。的确，毅然切断左右脑连结的那种大脑，一定会是那样。

因为大脑会判断继续听没有结论的话会有危险，不能再把神经信号使用在声音感知上。

"你没在听我说吧！" 是在找茬

那么，为什么男性会对漫无目的的长篇大论感到危险呢？

他们会对滔滔不绝说个不停的女性感到绝望吗？

想想男人们曾经在山野里奔跑了好几万年，答案已经很明显了。

猎人在森林中或山里是沉默的。他们要靠水声、风声、自己踩过树叶的声音等回声，得知前方的地形。当然，也不会放过野兽的动静。

而且，大脑会全力运转空间认知机能，把映入眼帘的地标，绘制到大脑的想象空间上。在没有地图也没有 GPS 的时代，男人们就是使用这个脑内联想的地图，走到天涯海角，再回到原地。

所以，猎人的大脑需要安静，还要忙着建构空间认知。**旁边有个人滔滔不绝地说个不停，会有生命危险。**因此，不会去感知那个声音，会把它当成生活杂音充耳不闻。即使在极度安全的环境中，大脑也会发挥这种习性。

不论多爱妻子，男性都会在无意识中启动猎人的生存本能，男性自己刹也刹不住。即使如此，妻子却因此很气愤："你没在听我说话吧！"这未免也太严苛了。他没在听，是因为你滔滔不绝地说着没有结论的话呀！

面对男人，请留意不要说漫无目的的长篇大论。**开始"心情脉络"时，也不妨先揭开主题，说："今天有件趣事呢，你听我说……"**

跟男性说话时的"三秒法则"

男性脑会停止声音感知机能，不仅仅是在"漫无目的的长篇大论"时。看着电视发呆时、专注看手机时、思考时、埋首做事时，男性脑都会切断声音感知机能。

因此，突然说得很快，对方会完全听不明白。声音这种东西，一开始没听明白，就会如雪崩般，最后完全听不懂。跟外语听力一样，一部分没听到，后面就没救了。

与其听到对方回应"哈？"，无奈地再说一次，给自己找气受，还不如遵守以下的三秒法则。

跟男性说话时，要做到：

① 站在对方视线内的位置

② 叫唤对方的名字后等两三秒再说

③ 慢慢进入主题

因为能听清楚妻子的话，所以能很快回答问题。光是这么做，真的就能减少妻子"受不了丈夫"的次数。

这个法则对职场上的男性也非常有效。

我在几年前出版的书里，写过这个三秒法则，收到很多封信说："跟男性下属之间的意见沟通变得顺畅了。"

有位女性对我说了令她惊讶的事实，她说原来不耐烦似地回应"哈？"的那位下属，并不是性格不好，也不是瞧不起女性上司，纯粹只是听不懂而已。

可叹的是，沟通压力不单单只是导致沟通失败而已，还会让人觉得那是对方的怠慢或恶意。于是，男性会说："我们公司的女领导，真是糟糕，有时候都听不懂她在说什么。"认定是因为女性的脑子不好。

这个三秒法则，是用来防止双方大幅降低对彼此的评价。只不过是三秒而已，但就是差这三秒。

发生在"啊嗯"夫妻身上的悲剧

更糟糕的状况是，夫妻在一起生活久了，丈夫便可凭直觉知道该在老婆的"蚊音"的哪个地方做回应。例如：

"喂，是这样那样啊~嗯?"

"啊。"

"喂~是这样那样啦~这样那样。"

"嗯。"

这样其实也很麻烦。这种随便回应的对话，如果是："星期二你可以去幼儿园接孩子吧?""啊。""那就拜托你啦，谢谢。""嗯。"那么，之后就会出大事了。

"明天拜托你啦。""什么事?""我不是跟你说了吗!""我没听说啊。""你回答我了啊。""不记得了。""哈?（怒）"

不要让自己说的话变成蚊子叫。要用三秒法则说话，先把这个对话的主题说出来。

不要过度解读

终点导向解决问题型的人说出来的话，不会有太深的意图。

如果问："你为什么这么做？"真的只是在问"这么做的理由"，绝对不是带有"怎么会犯这种错"的含义。当然，陈述理由后也可能被骂："那样不对!"但是，问话的当下就只是在问原因。

上司问："你为什么把这东西放在这里？"大多就是字面上的意思，只须冷静地回答："放在这里，比较容易让进门的顾客看见。"上司绝对没有"为什么放在这种地方？（放在这里不行）"的意思，即使是有这个意思，也要冷静地说出自己的道理才有助益。会留给对方留下"能干"的印象。

当上司询问原因："这个事为什么这么做？"战战兢兢地回答"对不起"的下属，在职场上显然会吃亏，因为会给人"太笨了，答非所问"的感觉。

如前所述，丈夫问"那件裙子什么时候买的？"，意思就是"（没见过呢，是新的吧？什么时候买的呢？）什么时候买的？"而不是"（竟然瞒着我）什么时候买的？"。

"只有这道吗？"也是指"今天只吃这道菜配饭吗？（这是全部了吧？）"的意思，而不是"你整天待在家里，只做了这道菜吗？"。

这时候，只需大大方方地回答"昨天买的""是啊"。

没错，男人有时候或许也会变成过程导向，说讽刺的话。但是，大多时候，揣测他们背后的意思都是多余的。既然如此，何不采取不过度解读的方法呢？

即使是讽刺，只要直截了当地回应，有时也能让事情圆满结尾。

有一天，我丈夫指着摆在餐桌上吃剩的明太子鱼，用稍带严厉的声音说："这不是要冷藏吗？"我开朗地回说："没错，幸亏你发现了，谢谢。"他犹豫了一下，就自己拿去冰箱冷藏了。我想他那句话是讽刺，但是，如果生气地说："有时候难免会忘记啊，我也很忙，你既然发现了，就默默收进冰箱嘛！"这样会导致一整天都心情不好。

不要过度解读，果然是对的。

女人是希望对方回应心情而非问题

附带一提，过程导向共感型的人之所以会过度解读，是因为她们自己大多是用含蓄的表达方式。

发出"你为什么那样?"的质问，即使得到了"为什么那样"的解释，她也只会一肚子火。因为她想要的答案是"让你不开心了，对不起"。

"工作跟我哪边更重要?"也是同样，尽管问的是哪边更重要，但并不是要对方回答这边、那边或者两边都重要，而是想要对方回答："是我冷落你了，对不起。"

当妻子问丈夫"这是什么时候买的?"，意思是"（居然没跟我商量就买了这种东西）什么时候买的?"，她要的不是"上礼拜天买的"之类的答案，而是在质问"没有商量就买的理由"。

我在前面章节提过，女人无法回答 5W1H。但是，那是因为女人自己质问时，并不想得到 5W1H 的答案，而是希望对方回应埋藏其中的"心情"。

女人面对男人的问题会过度解读，无法正确回应。

男人面对女人的问题会太过直接，无法正确回应。

过程导向与终点导向，永远也不能相容。

解决问题型注意事项①：回应心情

要回应心情，而非回答问题。

这种分歧也会出现在其他地方。

解决问题型的人向共感型的人提出商业方案时，有时会在意想不到的地方栽跟头。

解决问题型的提案方式，大多是列出好几个替代方案，让对方比较优点。面对这种"冷静的提案"，共感型的客户大多会问："你认为哪个最好？"

这时候，解决问题型大多会重复做概况说明："如我所言，A方案是这里好、B方案是那里好……"身为提案方，他认为每个方案都有值得选择的理由，所以才列出多项方案。在被问到"哪个最好"时，最直接的答案一定是"以这个观点来看这个最好、以那个观点来看那个最好"。

但是，不能那样回答。

共感型是在问"心情"。所以，必须回复以心情，例如，回复说"我个人喜欢 A 方案"或"若是我，会选择 A"。

既是商业人士，在被问之前就该事先决定好"自己最推荐的一个"，以防被问到这个问题。因为，可以毫不迟疑地回答"哪个最好"，就是"我全心全意投入了这个提案"的证明。

共感型的人是想用这个问题来评价"提案者有多么把这个提案当成自己的事来重视"。这时候，听到暧昧不清的答案，会觉得"不是诚心诚意的提案"，兴致全被浇灭了。

男性发型师向年长的女性客人提议好几个发型或发色时，如果被问到："你觉得怎么样？"不要说得含糊不清，可以试着说："如果是我的女友，我会希望选这个。"

私人提案也一样。约对方出来时，不要列出"要不要去吃饭？要吃意大利菜吗？还是吃日料?"这样的选项，而是爽快地说："我想带你去尝尝一家意大利面，我们去吧。"这样绝对会更受欢迎。

提出自己最推荐的方案。

这个技巧不仅只对女性有效。有才干的事业家，不论男女大多是直觉型。所谓的直觉型，就是在事物判断上，能快速切换过程导向共感型回路与终点导向解决问题型回路，是两者并用的类型。商业谈话主要是以解决问题型进行，但有时也会猛然切换成共感型，问"你觉得怎么样?"也是常有的事。

这时候，莞尔一笑说："我其实最推荐 A 方案。"通常都可以谈成生意。即使谈不成，也会让对方留下印象，一定会有下一次。

即使提案没被采用也不必在意

在这方面，还有另一个注意事项。

有很多人会问："你觉得怎么样?"问完后，却不依照得到的答案去做。我方说"最推荐 A 方案"，对方却做了 A 方案之外的选择。终点导向解决问题型可能会觉得白费力气，一肚子火，但是，千万不要在意。

过程导向共感型会本能地判断"这个提案是否有足够的诚意"，所以会问："你觉得怎么样？"得到针对这个问题的真诚回答后，会对提案者产生信赖，先接纳所有的提案（A方案、B方案、C方案全部）。之后，经过冷静判断，选择对自己可能最有利的C方案。

"老公，你觉得这个包包是茶色好还是橘色好？"之类的问题也是一样。男性常会感叹地说："老婆总是问我哪个好，却通常不会买我选的那个。"其实不必在意，女人只是在享受男友或丈夫把精神集中在自己身上的时刻。是否要照他们的意见去做，是另外一回事。

她们想问的不是意见，而是心情……这个意思大家明白了吗？

解决问题型注意事项②：不要一开始就否决

解决问题型的对话（事实脉络），会一开始就指出对方的问题点。但是，共感型的对话（心情脉络），必须靠共感产生理解。在"心情脉络"的章节里，已经追根究底地写过这方面的事了，就不再赘述了。

现在，我要向前跨一大步，直接叙述提案时的注意事项。提案时，也不能一开始就"指出对方的问题点"。

假设，被问到："要不要去吃奶油培根蛋意大利面？"你心想"咦，听起来好油腻，还是吃荞麦面比较好"时，会不会回说："咦，最近一直有聚餐，消化不良，还是吃荞麦面吧？"这么说，女朋友应该会情绪低落。

"吃那个也不错，不过，要不要去吃荞麦面？那家的鸡肉荞麦面很好吃，所以再去一次吧？"这么说，女人的心情就会有一点低落，但通常还 OK。

共感型的大脑喜欢彼此提案。而解决问题型往往会评估自己的提案能否通过，所以，会觉得不清楚地否决对方的方案，就另提其他方案很卑鄙，其实并不是那样。

对共感型而言，"正面的其他方案"给人的感觉，是"我对我们两人的用餐也有想法"的意见表达。

在"儿子报考私立学校"这件事上意见分歧，也不要一开头就否决说："报考私立小学？在经济上有困难啊，而且从幼儿园就逼他读书，太可怜了。"不妨尝试着说："男孩儿需要'附近的朋友'，暑假时结伴玩耍，一起长大的朋友。我想让他结交这种当地的发小，所以也去看看当地的小学吧？说不定也没那么差。"

一时想不到其他方案时，可以先表示接受，以后再说。

不要一开始就指出对方的问题点。

不论是"闲聊"或"商量""提案"，都不能错过这个法则。

总　结

• 对话有"心情脉络"型与"事实脉络"型两种。

• "事实脉络"是由解决问题型的大脑开启的对话逻辑。

• "事实脉络"会毫不犹豫地指出对方的缺点，

以解决问题，把所爱的人从混乱中救出来。

- 面对解决问题型的人，要从结论说起。

- 若是难以启齿的结论，不妨把"积极的目标"当成宣传标语说在前面。

- 不要过度解读解决问题型的人的问话。

04
———
对话之外的沟通压力

在前面，说的是如何让男女（正确来说是终点导向解决问题型 VS. 过程导向共感型）的对话压力接近零的种种方法。

然而，并不是只有在对话时会产生压力。在交谈之前，也可能因为"瞬间行动的不同"或"瞬间看法的不同"已经产生了压力。

在本章要说的是，在对话之前已经产生的沟通压力。

在无意识中做出来的"瞬间行动"，在私人对谈中比较容易显露。因此，本章会拿家庭中的案例进行探讨，但也会延伸到职场的案例，所以，请不要认定"我还没结婚，所以跟我无关"，要继续看下去。若是难以理解夫妇之间的微妙关系，请置换成父母的关系来看。

　　在职场上，该采取的措施几乎都是固定的，所以，表面上看不到那么多的"瞬间行动的不同"，但这种不同还是会对内部深处造成影响。

4-1

压力公平的原理①：看不见的任务

在二十世纪之前，令男女火冒三丈的缘由，分别是女人认为"男人老是瞧不起女人"，男人认为"女人情绪化又愚蠢"。

到了二十一世纪，随着越来越多的女性步入社会，女人们证明了自己的社会能力不比男性逊色。男人们也不再以"她是女人"为由，低估对方。

然而，男性的"生活能力"却一直没有提升。双职工家庭不可缺少做"顺手家事"（例如站起来上厕所时顺手收拾杯子）的能力，偏偏很多丈夫都做不到。他们只帮忙做"能叫上名的家事"（打扫、洗衣服、做饭、购物、扔垃圾），老婆眼中的家事永远也做不完。老婆们会从这里看出"家事意识的淡泊"，进而感到"爱情的缺乏"，最后看出"人品不行"，从而对老公越来越不满。

二十一世纪男女间的压力

于是乎，在男女平等的社会，女人们因丈夫而产生的压力，非但无法降到零反而倍增。明明在社会上是与男性共同奋斗，家务的比重却还是一股脑儿地落在自己身上。压力就是来自这种不公平感。尽管生产与哺乳伴随而来的身体损伤也全都在女性这一方。

那么，男人们有因此轻松许多吗？

并没有那回事。男人们的压力不止倍增，而且是暴涨十倍。**男性脑原本就不是可以做到"顺手家务"的构造。要跟女性脑一样完成那些事，只会伴随强烈的压力。奶爸、家务男们，都不得不面对这些事。**

本以为男女平等，天下就太平了，却只平添了男女间的压力。从沟通压力的角度来看，谁也没有得到好处。这就是二十一世纪二〇年代的现状。

要做到公平的不是任务而是压力

不过，我并没有怀念男女不平等社会的意思。

我希望时代可以更向前迈进一步。

那就是导入**压力公平**（Stress Even）的思考方式。

至今，人类都是以任务公平来把握平等，那是任务（要做的事）上的平等，不妨转换一下思考方式。要做到大脑压力的公平（同等）而不是任务公平。

这么想，就能改变家务的界线。若能实现让两人的压力程度变公平的"任务平衡（Task Balance）"，那么两人的压力就非常接近零了。这就是压力公平≒总压力为零的法则。

要做到压力的公平，必须相互了解对方的大脑里有着怎样的压力。

首先，来看经常在家庭里产生的压力。

当女人为"茶水滴"感到绝望时

以我的一对情侣朋友为例。

　　他居家办公，所以比她在家的时间长。因此，他会自己泡茶，但是，据她说："每次他给茶壶续水，几乎都会有几滴茶水滴在地板上。"

　　在一起生活的这几年，她都是默默擦拭那些"地板上的点点"。因为踩到湿湿的水滴不舒服，等干掉后再擦会更难擦。但是，他是那种会自己泡茶就已经很不错了的人，所以，她从来没提过这些细节。

　　有一天，他又在她面前给茶壶续水，水果然又滴滴答答地滴在地板上，她就趁机提醒了他这件事。在这种情况已经重复几百次，不，搞不好是上千次之后，她终于说了他一句……

　　但是，这句话似乎惹恼了他，她说每次有客人来，他就会控诉："这个人老爱吹毛求疵，我不过是把茶水滴在了地板上，就被她骂了，不过是几滴茶水而已啊。"

　　可以想象她有多绝望吧？

　　倘若这件事成为他们分手的原因，我也不讶异。听到她说："我下定决心跟你分手，是因为几滴茶水。"想必男人会满心疑惑吧。因为他不知道，**在那**

117

冰山的一角下，有"她奉献至今的人生时间"。

男方不知道"自己犯了几百次的错"，也不知道"女方为自己收拾了几百次"，会觉得女方是"为区区几滴茶水吵闹"，所以，一定是想把愿意做"妻管严"的自己半炫耀地说给客人听。

除了男性的大脑外，他并没有罪过。但是，想到他带给她的绝望，还是有危险性。就像这样，男人会因为无法理解的缘由，被女人下最后通牒，所以会互相谈论"女人是魔鬼"或"女人是谜团"。

别胡说八道了，这世上没有"谜团"也没有"魔鬼"，只有沟通的鸿沟（Communication Gap）。

丈夫不知道的家务

附带一提，上面这个"病例"的教训是，绝对不要轻视"她的一句话"，也不要嘲讽那一句话。要知道，在那一句话的背后，有数百个"默默忍耐"。

不过，男性脑为了掌控更广阔的空间，所以过着刻意不去看"种种生活琐事"的日子。不只是为了物理空间，也为了保有思维空间的广阔。无法察觉女人的百次叹息，也无可厚非。我无意为此责怪他们。

女人们也早就知道，他们对"生活琐事"的关注比女性脑淡薄。所以，总是默默地做着各种事。但是，如果这样还被说成"这个人吹毛求疵""东嫌西嫌"，那种绝望就很深刻了。必须在两人之间出现裂痕之前，领悟到她那一句话的严重性。

稍后我会提到，男性脑再怎么努力，在家里的所作所为也无法达到女性的期待。在这方面，需要女方的理解，也需要男方的思虑。

总之，就是乖乖道歉，努力不要再犯同样的错。

然后，平时要察觉"自己不知道的家务"堆积如山，不要忘记稍微怀有"平日里辛苦你了，谢谢"的心情，并说出来。

老板不知道的工作

有机敏的员工协助的老板，也需要这样的思虑。员工和老板，与各自的性别无关。

老板的任务，是制定中长期战略，掌握整体，不要迷失长远目标。不论男女，凡是发挥这种感性的人，都看不见眼前"杂七杂八的事"。所以，他们不能缺少员工的协助。

员工需要具备的是短期战术的能力，他们肩负着很多老板不知道的"机敏任务"。即便自己以前有过当员工的经验，也未必能完全理解现在的员工的心情。因为大脑组合的奥妙不同，时代也不同。

一个跟自己视角不同的人，是难得的至宝。然而，这也会是"对方无法如自己的期待那样看到自己视角里的东西"的关系，所以，往往会彼此抱怨"对方不理解自己""难以重用"。

大脑无法同时看见"远的"和"近的"。顾得了那边，就顾不了这边。

当然，偶尔也会有快速切换大脑，把战略、战术都能放进射程里的天才。可以边掌握世界的动态，边把心思用在装饰卫生间的花朵上。但是，这样的天才有些也无法把公司做大，因为很难让公司摆脱固步自封的世界观。

好老板、坏老板的区分方式

所谓好的组织，是指老板与员工彼此信赖、彼此分享擅长领域，能相互抱持"自己看不到（做不到）的很多事都是对方在做"的敬意。

向在某方面能力比自己强的人表达敬意，是超乎想象的顶尖能力。做不到这点的人，不能成为好老板。

例如，去某餐厅用餐却无法对该餐厅的工作人员表达敬意的人，很遗憾，他不该位居众人之上。

为了在寒冷的季节让店内变得暖和（在酷热的季节让店内变得凉爽），以便在舒适的环境中提供适宜的服务，所需的机敏远超过外行人的想象。即使是轻松休闲的店，也一定会有在不多的预算下做好服务的用心与努力。向这种意想不到的部分表示敬意，就不会急匆匆地喊人过来、不会怒声责骂不满的事、付钱时不会把钱丢过去。

喊人时要找适当的时机、有不满时用平静的声音要求对方改善、最后再有礼貌地说声谢谢。能够做到这些的老板，就会理解自己员工的那些"不易被他人看见的机敏"。

不论男女，很多人都说"不喜欢上司或男女朋友用傲慢的言语对待提供服务的人"。因为会从中感觉到**"对方缺乏对劳动的想象力、有无法认清自己死角的傲慢、心胸狭窄无法敬爱他人"**。所以，这些人的这种行为会成为给自己带来不幸的种子。

大脑有死角

如前文所述，大脑的感性回路有两种，不能同时同效使用。以一边为优先，另一边就会减弱。大脑是有死角的。

越是有才干的人，大脑越是处于巅峰（Peak）模式（因为是采用了突出使用的一边），所以容易产生死角。

因为有才干，才能位居人上。

但是，若不能向他人的"看不见的才干"表示敬意，就没有资格位居人上。

以男女来说，爱是基于生殖本能自然形成的。

但是，如果没有二话不说完全敬爱对方的气度，就没有资格持续被爱。

这世上大部分的大脑，都是真诚地想活得更好。其战略之一，就是"粗鲁"与"细腻"兼容并蓄。我觉得"不知道茶水滴出来的大脑"很有才干，也觉得"假装没事默默擦干水滴的大脑"有很高的能力。

糟就糟在，深信"自己仅看到的片面世界就是全部"。也就是，不相信对方并嗤之以鼻。

终点导向解决问题型的才干，容易看到成果、业绩。但是，细致、有洞察力这种过程导向共感型的才干，在大部分场合都不会被当成明确的业绩。

因此，使用终点导向解决问题型回路的人，要更注意才行。对于许多你们不易察觉到的用心，要二话不说地致谢。

试着把茶壶换成热水壶

我想给"再三制造困扰"的家人、下属或上司，以及觉得困扰的一方建言。

若是有人不断重复相同的事，最快的方法就是改变那个"结构"。

以前文的例子来说，若是每次都会把茶壶里的茶洒出来，**最好改变他端出来的工具**。让他习惯在厨房就把茶壶的茶倒进保温瓶里，或是让他像以前学生社团的男生那样，把茶包丢进热水壶，再把水壶拎过去。其实，以他的能力来说，"用茶壶泡茶"这个行为，或许太过细腻了。

但是，我想很多妻子不会满意我这个提案，因为，真正的问题不在于"茶水滴出来"，而在于妻子原本就希望"他不是个粗鲁的丈夫"，只是这次偶然因为茶壶的事把这个愿望表面化了。即使把茶壶换成热水壶，粗鲁的丈夫还是一样粗鲁，因为让他拎热水壶过去，只会让他显得更粗鲁而已。

从她不放弃茶壶，默默擦拭水滴几百次的做法中，我看到了她的"期待"。期待他有一天学会不要把茶洒出来的细腻，然后，其他事也一定会改变，她就能更爱他……

然而，他却是即使明说了也听不懂。有些妻子会因此放弃悲哀的期待，选择默默忍耐。遗憾的是，后来大多会迎来"突然的分手"。还有一些妻子会变成唠唠叨叨派，但是，与其唠唠叨叨，还不如让他拎热水壶过去。

重新评估入境随俗

若是有人不断重复失败，就试着反思不要重复失败的方法，这个思考对职场的多元共融也有效。

我在自己的秘书从三十多岁的女性换成六十多岁的男性时，大幅改变了业务的结构。在不同年龄段、不同性别的两者之间，有着"瞬间直觉"的不同，所以各自的轻松的做事方法（而且不易失败的结构）也不同。我也改变了期待的方向。女性之间的契合感消失了，但得到了"老手"的智慧。

在家庭里，妻子是多数派（Majority），丈夫是少数派（Minority）。因为人数比虽是 1∶1，但生活的结构却是倾向过程导向共感型。在这种状态下，老婆必须想办法控制丈夫的"瞬间毛病"。

在职场上，很多时候女性和外国人是少数派，所以规则相反。若是对"女性下属"及"女性上司"

有什么共通的不满，那么，这里面应该存在着女性脑难以察觉的职场的"潜在规则"。

无论如何，**我们应该相互理解，了解哪些是女性脑自然会做的事，哪些是男性脑自然会做的事。然后，再思考哪些是可以让步的事、哪些是希望对方改变的事。**这本书的存在，就是为了让彼此走得更近。

有句老话说"入境随俗"。

长年承袭至今的方式，必定有其深奥的意义，里面有着学会时便自然能够体会到的深层学问。没错，我认为这是深远的真理。

学生时代，跟我一起学茶道的朋友，曾经对很快就遭受了挫败感的我这么说——

你说："不过是泡个茶，要那么多道程序，太麻烦了。"其实，学会后自然会明白非那些程序不可。当手在动的时候，心会很快静下来，身体自然会跟着程序走。然后，茶室会变成宇宙。没有任何多余，也没有任何不足。

朋友的这番话，让我明白了"入境随俗"这句话的深奥，即使刚开始有违和感，也要坦然置身于那个世界，如此一来，那个世界观就会慢慢植入自己脑海里，人就是要这样才能成长。

我觉得，置身于精练的世界，坦然投入其中，最后变成这个领域里的高手，是很棒的一件事。我不希望这样的修行机会逐渐从这个世上消失。

然而，茶道的成立，在于它是一个兴趣爱好的世界。十人当中只要有一人懂我朋友那种陶醉的世界，就够了。其他受挫败的九人，可以去做其他修行。

同理，在公司组织中，当你无法适应一个需要特殊技术的部门，也可以去做其他"修行"。前提是，能如愿调到其他部门。

但是，在性别、国籍、民族、身体状况等不同的人混杂共存的二十一世纪的公司组织里，需要多一点灵活变通。有时候，不要拘泥于"茶壶"，要有让对方拎"热水壶"过去的觉悟。

放弃"茶壶"，意味着不非去纠结对方附随于其中的"能力"。也就是说，折衷去忍耐"热水壶"的粗鲁，才会双赢。

由二十世纪的"多半是单一民族，多半是男性"

所构成的公司组织里，想必是有由默契构成的某种"潜在规则"。然而，当下社会或许已不允许他们继续沉浸在那种"惯性思维"里了。

在八十亿人居住的地球上

这个星球目前居住着接近八十亿的人口。话说，在日本公司由"大半是日本人男性"构成的美好旧时代即我的大学时代（约一九八〇年）时，地球的人口是四十四亿。

创造出能让八十亿人口用来维持生命的能源，是人类的使命。光是这样，我就觉得够疯狂了。据说，二〇五〇年可能会到达一百亿。一九五九年出生的我，搞不好在活着的时候就会亲身经历人口密度过高的地球。

若不能适应这样的混杂、没有把这种多元化当成防御武器的觉悟，我想任谁也无法存活吧？

重新评估"入境随俗"的机智，一定会舍掉某种美好的期许，但也一定会衍生出其他某种值得珍爱的东西吧？那是某种触及男女间爱情的东西，亦或是在职业生涯中衍生出坚强的经济回报。

时代的变迁片刻不停，让我们继续向前进吧。

总 结

- 大脑有死角，无法全面感知不同感性的人正在做的所有事。

- 家庭里有很多"丈夫不知道的家务"，职场上有很多"老板不知道的工作"。

- 要相信世上有很多"自己看不见的机敏"，对周遭人稍怀感恩之心。

- 试着不再入境随俗（把组织中的多数派的做法，强加给少数派）。

4-2

压力公平的原理②："做不到"是有理由的

二十一世纪的妻子们的绝望来自哪里，丈夫们知道吗？说白了，就是丈夫们"没有参与生活的意愿"。

丈夫们可能会诧异地说："我都有帮忙刷浴缸、刷碗、买东西啊?!"但是，只分担煮饭、洗衣服、打扫等能叫得上名的家务，很遗憾，还得不到"生活伴侣"这个荣誉。

因为正困扰妻子们的是，叫不上名来的"顺手家务"。

剥夺妻子时间的"顺手家务"

我家今年盖了新房子，让附有干燥机的浴室和更衣室紧临大型衣帽室。这样可以在浴室和更衣室轻松地做吊挂式烘干，不必再辛苦地把洗好的衣服扛到晾衣服的地方。等衣服干了，直接拿去隔壁衣帽间，洗衣服的工作就完成了。不用"收衣服"，也不用"折衣服"。如今，洗衣服这个行为，只是把衣服从洗衣机拿出来，再挂到衣架上而已。

目的明确的"能叫得上名的家务"，可以像这样合理化，家人也更容易分工合作。

然而，那之外还有无数难以察觉的家事，例如"收拾桌上被丢着不管的脏杯子""捡起家人脱完就扔的T恤""收拾用完不收的剪指甲刀""把伞晾干、折叠、收起来""拉上一直敞开着的窗帘""关掉一直亮着的灯""发现没有备用的厕所卷筒卫生纸，着手调度""发现牙膏存货不多，加入购物清单""擦拭洗脸盆前的镜子""擦拭冰箱稍脏的地方""往厨余垃圾桶里喷洒酒精"等等。

有小孩的话，更是没完没了。还包括在买晚餐材料时"想起明天要付小孩特长班的学费，特地把一万元纸钞找开"这种事！做不到这样合理规划、游刃有余的主妇，会浪费更多的时间在生活上。智能家电再发达，这种要靠机敏来处理的生活琐事也不可能成为零，会一再一再地发生……

正是这种"顺手家务"，毫不留情地夺走了妻子们的体力与时间。

非但不帮忙，还视而不见（甚至再增加工作量）的丈夫，会让妻子越来越绝望。

前些日子，某家女性流行杂志来采访我。事前问卷调查结果显示，对丈夫不满的断层第一名是"丢着不管"。例如，衣服脱下来就丢着不管、喝完水杯子就丢着不管、东西用完就丢着不管……"我丈夫每天晚上洗完澡都要喝啤酒，杯子总是丢在电视机前面不管。不论我说多少次，他都不收。在忙碌的早上，还要收拾有啤酒臭味的杯子，真的让人很生气。他明明可以在进卧室前，把杯子放在厨房的水槽里，为什么他就是不做呢（怒）？"

次数多了，妻子会觉得丈夫对家人缺乏关心，次数再增多时，就会断定丈夫的人品很差。此时对丈夫会失去信任，将他降级为同居人。虽然只是杯子，但就差在杯子上。

不是"不做"而是"做不到"

但是，我想告诉所有的妻子们！

终点导向解决问题型的大脑要做到"站起来时，顺便发现眼前的啤酒杯，边收拾边走向卧室"，还真是件困难的事。

没错，如果每天做，说不定哪天会成为习惯，但最好有心理准备，他几乎不可能发现当天偶尔摆在那里的杯子。

女人光是趁电视剧插播广告时，去上个厕所再回来，也能完成好几个任务。

站起来时，顺便收拾桌上的脏杯子，上完厕所回来时，发现晾在玄关的雨伞干了，把伞折起来。然后，顺便确认除味剂还剩多少，再把家人的鞋子摆整齐。即使做了这么多事，也不会忘记去拿抹布，把桌子擦干净。

在广告时间内，能够不着痕迹地完成这么多事，在女人心里就是爱家人、爱家庭的证明。

然而，丈夫却不会做同样的事，只会上完厕所再回来，绝不会瞥一眼脏杯子或晾在那里的伞。像这样没眼力见儿、缺乏体贴，会让妻子感到绝望。

前些日子，有位女性对我说了这段话——我丈夫脱掉了 T 恤，我对他说："脱掉就马上放进脏衣篮!"他乖乖地把 T 恤拿进了更衣室。但是，特意跨过了刚才脱在脚下的运动裤和女儿的连衣裙。那么做绝对是在故意气我吧?

终点导向的大脑看不见杯子

现在，我要请大家回想一下。男性脑是终点导向，决定目标后，就会直线往前冲。

一决定目标，大脑就进行过滤（排除），不让"眼前的种种""周遭的杂七杂八"进入视野。

我要再三强调，男性脑是从猎人脑进化而来的。一旦决定要"射杀那只兔子"，视线就不会转移到其他地方，不可能看到"啊，玫瑰花开了""啊，草莓熟了"。

所以，一旦决定以厕所为目标，就不会看到杯子或雨伞。如同在狩猎中，不会看到脚下的玫瑰或草莓。

而女性脑显然有利于仔细地搜集"周围的种种"。例如，小孩有一点点身体上的变化她都能察觉，或者，即便是去采香菇也能顺便摘取途中发现的果实或药草，所以，**女性大脑的结构是以自己为原点，半径三米以内都能面面俱到，看得事无巨细。**

在家庭里，大致是以半径三米以内为她们的收拾范围，可以从客厅的沙发到厕所的动线里，发现堆积如山的顺手家务。

对这样的妻子们来说，实在很难相信丈夫们连那个脏杯子都看不到，但事实就是如此。

对男人而言顺手家务的难度太高

想要让丈夫们做这种顺手家务，必须依据每个任务设定目标，拟定执行计划。目标可以是复数。

趁插播电视广告的空档去上厕所时的终点，可以设定为"目标1：桌子"、"目标2：厨房"、"目标3：厕所"、"目标4：玄关"、"目标5：厨房"。

把这个执行任务的清单做成操作指南，贴在墙上，训练几次，一定会有老公能做得到吧。应该会有，只是这其中他经受压力难以估计。

每完成一项任务，丈夫的大脑都要检索"有没有其他要执行的任务"，然后重新设定目标。相较于几乎是在无意识中完成几项工作的妻子的大脑，要承担高出好几倍的压力。

即便如此，也要让丈夫做顺手家务吗？

适才适所，以求压力公平

我家的男人们，不会注意到脏杯子，但很会组装家具。

每次组装网购送来的架子或床时，我都很紧张，因为过程导向共感型的大脑的使用方式，此时会变成阻碍。从设计图中，丈夫只会看到"该怎么做的条理"，我却不一样，会被"自我的观点"误导，搞得一片混乱。即使要开始锁螺丝了，却没由来的做起下一个步骤来，或是直接跳着步骤做。

主要是因为**过程导向共感型的大脑，基本上"会从察觉的地方立刻做起"**。舍不得花时间确认整体的整合性，会毫不犹豫地出手完成察觉的任务。若不是这样，根本做不完任务清单上没完没了交错重叠的家务。

有时候，我会想："如果每天都有不同的家具送来，我必须在吃完晚餐后马上回家组装，那我一定会不想回家。希望丈夫做顺手家务，对他们来说不也是同样的感受吗？"

大脑的瞬间使用方式不同，就是这么一回事。

对一些人来说自然就能做到的事，对另一些人来说却是绝对的压力。

各自承担彼此都比较没有压力的任务，在实在是需要协助时，尽量做到分量适当，就是我引用的压力公平法则。

会"搞砸"的事先靠系统吸收

在很多家庭里，顺手家务通常是由女性负责。妻子们总是感叹地说："不管说多少次他也不肯做、不肯帮忙。"然后压力越来越大。男性们却连有哪些家务都察觉不到，对总是唠唠叨叨的妻子感到疑惑，导致本就不融洽的夫妻关系形成越来越大的压力。并不是妻子的压力有多大，丈夫就有多轻松。

妻子也要有所觉悟，放弃"丈夫做不到的事"。有女性叹着气说："不管我说多少次，他还是会把兜里有纸巾的裤子扔进洗衣机里。沾满纸屑的洗涤衣物，真的很难处理。"我对她说："如果再三发生这种事，那么，他可能一辈子也做不到，你帮他检查就行了啊。"她惊讶地说："这是我的工作吗?!"我笑着说："为什么不能帮他做呢？让他用其他事情回报你就行了。"

她说："可是，在洗衣机里跟其他衣物混在一起，我也会看漏啊，还是要让他自己做。"我建议她说："既然这样，就准备一个脏衣篮，不要让他直接丢进洗衣机里啊。"听到她恍然大悟地说："啊，脏衣篮啊，没错。"听到这里我才松了一口气。万一她说："我不想碰触他的衣服。"我就没有其他招了。

与前面所说的"把茶壶换成热水壶"一样，当务之急是尽可能靠系统（步骤）吸收"丈夫会搞砸"的事。

在职场上会比在家庭中更理智地处理这方面的事。对于"很多人"或是"很少人但经常"会搞砸的事，职场会建立规避这种情况的系统。这是防止人为疏失的基本要点。

在家庭里，"丈夫会搞砸"的事，大多被当成"散漫""不体贴老婆"的品质，这就是问题所在。

请老婆不要把"丈夫会搞砸"的事，想成是用心的问题。凡是能靠系统找到方法的事，都要尽可能地去做。

为了哀叹"丈夫不收拾喝完啤酒的杯子，让我压力好大"的女性，我一直在思考能不能做出"不拿起杯子就不能走回卧室的结构"。

丈夫的家务就从"一点豪华主义"* 做起吧

当然，不能让丈夫免除所有的顺手家务。训练大脑的"相反的使用方式"能使大脑成长，而且，充分使用大脑每个角落，不容易失智。更能因此知道"对方为自己做的事有多么伟大"。

我让老公成为我的家务伙伴，但是，是从把期待值彻底设为零开始的。而且，在这个过程中严选出"无论如何都希望由他来做的家务"，让那些家务成为他习以为常的事，当然，也不会忘记称赞他、感谢他。

经过这样的努力（三十五年），现在没有比我老公更称心的家务伙伴了。虽然以量来说，我绝对高过他，但是有他重点式的协助，那些家务都做得很顺畅。例如，让完全不会做饭的老公，变成"煮面"的

---

　　* 豪华主义：是指一种总体上节俭，但在某些方面不遗余力地追求奢华的方式，例如所有的衣服都不贵，只有鞋子是奢侈品，一点豪华主义是在日本社会较流行的消费观，类似于"该省省，该花花"。

专家。要煮荞麦面、乌龙面、意大利面时，就轮到他上场了。我准备佐料、做高汤蛋卷时，他就在旁边煮出了口感绝妙的荞麦面。甚至过凉水的时机、技巧，都好到令人着迷。

我的朋友说她是严选了"淘米"这件事。在带孩子期间要做便当，必须"在晚上把米洗好放进饭锅里"，这件家务也有难以想象的压力。完全忘了要淘米就去洗澡了，等想起来之后再用擦完面霜的手去淘米……真的会觉得好无力。所以，她把这件事指定为丈夫的常规任务。刚开始，她会偷偷备好如果丈夫忘记煮饭时的备用饭——"冷冻饭"。

若要让丈夫参与家务，建议从"一点豪华主义"开始。只要把自己觉得有压力的家务，分派给丈夫一件就行了。不过，刚开始要先做好失败时的挽救措施。花时间慢慢增加他可以做的任务，等到在夫妻都快退休的时候，就会成为很好的搭档。

都不做努力，只想着对方的"不体贴"而生闷气，这样也于事无补。成为"夫妻"需要彼此的努力与毅力，但是，值得那么做。反正现在是能活到一百岁的时代，当夫妻的时间长达七十年以上，多得是时间。

以感谢回报任务的超量部分

还有，不可以忘记很重要的一件事。

丈夫（正确来说是在组织中担任终点导向解决问题型的一方）不知道妻子（正确来说是在组织中担任过程导向共感型的一方）有多少机敏灵活性强的工作，要试着去理解，以敬意相待，时常怀抱感恩之心。

所谓以敬意相待，是指不要藐视对方说的话（觉得啰嗦或充耳不闻，主张自己赚的钱比较多）、不要在他人面前说挪揄对方的话（不要说"这个人吹毛求疵""我常常被老婆使来唤去"之类的话）。

只要获得了感谢与慰劳，就不会埋怨多做点家务的老婆，比想象中多得多。"对方不理解"所造成的压力会比"对方不肯帮忙"大很多。反之，只要献上感谢，就能减轻压力。

再怎么完美分担家务，过程导向共感型所承担的家务任务量，总是会超过均衡。那就以"敬意"和"感谢"，稍微弥补一下吧。

这样的状况也可以套用在职场上，**只要上位者不忘记对工作人员的感谢，工作人员的机敏度就会提升好几倍。**

如果觉得工作人员的机敏不足，那或许就是老板的感谢不足。

要以感谢回报他人额外的用心，这点请务必铭记在心。

万国通用的沟通法则

以客人的身份进入商店时也一样。即使没有受到特别的服务，光是开门让我们进去，就该感谢餐厅的工作人员。不必特意说"谢谢"，只要把这份心意注入"你好"这句话里，就能得到更细致贴心的服务。

在这个世界上，我们自己注意不到的事俯拾皆是，因为有自己不知道的周遭人的机敏，我们今天才能够愉快地活着。有了这样的认知，世界就会突然变得温暖。

感谢是万国通用的最好的沟通法则。

任务超量的一方也不要吝于感谢

反过来一方也不能忘记感谢，尽管很容易忘记。以任务的数量来说，绝对是妻子一直在做"没有名称、过程敏捷的顺手家务"。

然而，无论如何，对方并不知道那些家务的总数量。基本上，他们根本不知道自己做的事不到整体家务的几分之几，因此，丈夫们同样会有"对方不感谢自己做的事"的压力。

妻子或许会想，他不过就是帮我做了十件里的一件，我为什么要感谢他?! 一码归一码，请不要以总数量来对照他所做的事，要一件一件地感谢他。

对克服大脑的压力，勉而行之的人来说，家人的感谢是很重要的动力。

一天又一天，不论刮风下雨都去公司上班这件事，他不会想得到称赞，但仔细刷洗浴缸那天，听到:**"哇，还是爸爸厉害，洗得这么干净。"** 会让他心花怒放。这就是丈夫心理。

不要吝于感谢。对完成超量任务的一方来说，这也是重要能力。

有些任务对妻子来说微不足道，对丈夫来说却伴随着高度压力。以任务来说，妻子方绝对超量，但是，以压力来说，说不定是丈夫方超量。

我不喜欢以数字来比较"妻子与丈夫的家务时间"的原因正是如此。不去探索因"感性回路的瞬间使用方式"的不同倾向而造成的偏差，就做不到正确的压力公平。

家务压力的感性偏差

可以灵活运用过程导向共感型大脑的人，也会有家务压力的感性偏差（压力偏差）。我对使用吸尘器会有极大的压力，而用冰箱里的剩菜做菜肴却没有任何的压力。跟我住在一起的儿媳妇，正好相反。

对我来说，顺手打扫的十分钟与顺手烹饪的十分钟，压力相差一百倍。对儿媳妇来说，正好相反。因此，我们清楚地分担了这些工作。她可以率真地对我撒娇说："我肚子饿了。"我也可以毫无顾忌地对她说："用吸尘器打扫一下这里。"

家人可以相互纵容

我儿子对烹饪也是毫无压力，但是，晾衣服是他在世上最讨厌的任务，在我家没有人会逼他做这件事。他有权利率真地把脏衣服递过来，说："把这个洗了。"相反，我丈夫会利落地帮我晾好洗涤衣物，而他的宵夜，就由儿子来做。

在我家，家人之间会相互纵容，把总压力尽可能降低到零。我想是因为我们夫妻和儿子夫妻，四个人的个性都很突出，完全不同，所以能做到绝妙的平衡，相处融洽。

我们一家人的优点是，没有人是完美主义。而且，基本上"都想为对方做什么"，对自己"做不到的事"很宽容，对别人做不到的事也完全宽容。偶尔也会为了"无论如何都不能退让"的事引发冲突，当下会吵得很激烈（因为彼此的感性相差太远，无法靠感觉彼此理解，所以会一直讲道理），但算是感情比较好的家庭。

以这样的经验来说，要把家人的沟通压力的总量降到最低，最大的诀窍或许就是抛开完美主义。首先要纵容自己，能做到这一点，就能宽待家人。

人会因"不足之处"受到欢迎

在带孩子时，我对儿子"不会整理"的缺点很宽容，所以，周遭人经常对我说："现在不好好教导他，等他长大后会很辛苦。"结果，他娶了一个能充分弥补他的缺失的"整理高手"。

男女之间的奥妙，就在于**"不足之处"会成为刺激异性的"想为他做什么"的本能的黏合剂**。"不足之处"与"想为他人做什么之处"并存的人会比较有魅力，最后占到便宜。

大脑没有净是缺点的机能，这点稍后再谈，有特别突出的缺点，就一定有特别突出的才能。

我知道这一点，所以，甚至会害怕若纠正家人的缺点，一定会抹去什么他们珍贵的优点。我在收拾儿子脱下不管的裤子时，会很高兴儿子还是原来的儿子。对丈夫少根筋的发言，也有着同样的爱恋。

通往零沟通压力之路

如果这样的感性也能用在公司上，那会轻松许多，周遭会变得柔和。"纵容"听起来不像是可以用在公司的语言，但是，我倒希望大家尝试看看。

思考一种架构，让一个人可以发挥他的长处，去信赖他、委任他，并在他的短处给予支持。在二十一世纪有很多种选择，可以靠伙伴间相互支持、靠工作人员支持、靠系统支持或靠 AI 支持。

比起去完美地打造每一个人，这样会更快产生效果，而且想象力会更丰富，成为团结力强的组织。在高度多样化的现代社会（不能要求职场中所有人都是成长过程类似的日本男性），成功组合杂乱的感性是唯一的解答。

——称赞"做得到之处"，迁就"做不到之处"，相信世界上到处都是"自己看不见的机敏"，对周遭的人略带感激之情——

通往零沟通压力之路的路标，就是这么一句话。为了让大家了解这句话，我写了这本书。

总　结

- 二十一世纪的夫妻间的压力，主要来自"顺手家务"。不是"不做"而是"做不到"。

- 会"搞砸"的事先靠系统吸收。

- 适才适所、相互感谢，能实现压力公平。

- 称赞"做得到之处"，迁就"做不到之处"。

4-3

压力公平的原理③：大脑没有净是缺点的机能

在前文稍微提过，大脑没有净是缺点的机能。

我把人脑当成一种装置，透过 AI 的视角，研究其中机能将近三十七年。在不断累积中，产生了某种确信，那就是"大脑连一秒钟都不会做徒劳无功的事"。

被当成是女人闲聊的废话，也是用来产生"深层察觉"的运算的一部分。男人在家里会少一根筋，也是为了把注意力集中在"远处目标"的运算的一部分。

例如，"因胆怯而拖拖拉拉"也未必都是坏事。因为对于理工科来说不能缺少空间认知能力，而支撑这个能力、制造出专注力的去甲肾上腺素（Noradrenaline），也是产生胆怯的激素。

"害怕荡秋千，做什么事都很消极、拖拖拉拉"，但是"对自己有兴趣的事可以长时间全心投入"这样的孩子将来大有可能在数学、物理学方面发挥长处。要是强迫这样的孩子过着"今天上英文口语课、明天学游泳、后天补习……"的生活，就太浪费了。因为这样的大脑不能缺少"闲暇时间"。

附带一提，若是"胆怯、拖拖拉拉、注意力散漫"，也有可能是控制大脑神经信号的激素群分泌不足。这种情况，必须要早睡早起、吃营养丰富的早餐，不可以放任不管。

"心的动摇"会创造出回避危机的能力

年轻女性倾向于会拉长心的动摇的时间。尤其是遭遇可怕的事时，会动摇一阵子。例如，会想："刚才在车站楼梯，差点向前跌倒摔下去，好可怕……万一摔下去……哇"……

男性会无法理解，为什么要一直提"差点跌倒但没跌倒"这件事。然而，这并不是没用的废话，而是过程导向共感型的运算的一部分。

在对话压力的篇章也提过，过程导向共感型的大脑会情绪化地反刍过去的经过，这样大脑会再次体验，从中衍生出"深层的察觉"。

遭遇可怕的事时，共感型大脑会以短时间版本，重演好几次那个可怕事件。亦即，再三反刍"遭遇危险时的状况"与"发生危险之前的经过"。**这么做，若是有任何察觉，就能把那个察觉当成"可以瞬间使用的智慧"储存起来**。这几乎是在无意识中完成的。

就像这样，会瞬间使用过程导向共感型回路的人，在第一次遭遇"负面体验"时，会拉长动摇的时间。

从乡下来到城市，穿着不习惯的皮鞋上班，被上下班高峰期的人潮推着走，差点从楼梯摔下去的年轻女性，会后怕一阵子。但是，隔天开始绝对不会再遭遇同样的状况。因为她会在走出检票口时，无意识地改变身体的方向，或是让步伐大的男性先走。

女人的潜力＝平时的危机回避能力

这样的经验积累多了以后，女性就不再动摇了。

年纪增长的女性，沉着的模样可不一般。因为她的大脑知道，自己有压倒性的高度危机回避能力。老牌旅馆或高级饭店不能缺少女老板，护士的男女比例压倒性地倾向女性，一定都是因为这个能力。

越是年轻时屡屡失败、易动摇的大脑，老后的危机回避能力越强。女性不会以害怕失败、易动摇的自己为耻。因为只有这样的"动摇"，才能守护家人、下属，创造出重要的危机回避能力。当然，容易动摇的男生，也能套用同样的说法。

我在日本自卫队报纸《朝云》的专栏，写过这么一篇文章。

"年轻女性有把心的动摇时间拉长的倾向，然而，身为站在支援国防、灾害救援第一线的女性自卫官，她们却能自我克制，把这种倾向当成助力。即使纯真的感情有时也会在内心动摇很长的时间，但她们也不以为耻，因为在这段时间内，会提升危机回避能力，不久后就会成为保护同伴和国家的基础力量。"

之后，我收到来自男性自卫官的郑重来信。信上说，关于女性的高度回避危险能力，自卫队早已清楚知道。

信上说，已经证实有女性的团队，在平时的危机回避能力上，能取得压倒性的成绩（评分）。

目前暂停运转的东京电力的核电厂，以前也是积极采用女性当操作人员。从经验得知，女性的直觉会作用在跟男性不同的地方，这点备受期待。

在紧临危险、必须把人为疏失尽可能降到零的领域，女性的危机回避能力是大家共同的期待。

理想的感性比例因组织而异

男性中也有过程导向共感型的使用者，也有在动摇中提升危机回避能力的类型。我虽然说，全都是男性的团队，回避危机的能力比较低，但绝不是说男护士不行。

重点是，**把终点导向解决问题型与过程导向共感**

型组合起来，更能保护生命和国家。

全部是男性或全部是女性，都可以创造出感性倾向混合的团队。严格来说，以户籍上的性别为依据的男女比例，并不等于感性比例（终点导向：过程导向）。

而理想的感性比例，会因团队的使命不同而大大不同。以解决问题为宗旨的公司的董事会，必须把重心放在终点导向解决问题型上，以"关注患者"为使命的护士，必须把重心放在过程导向共感型上。

就此意义来说，无视每个大脑各自的感性倾向，不管组织的使命，只以女性人数要占百分之几为目标，是有待商榷的做法。

作为消除女性歧视的促进女性活跃政策，本是一项很好的倡议。然而，人才的调配若不依据团队的使命，考量适当的感性均衡，会产生压力。最后，因此产生的不良影响，都会落在被调配进来的女性身上。

女性本身不会积极争取管理职位的晋升，是女性管理职位没有增加的理由之一。为了凑数被迫晋升，不得不使用与自己的大脑不同的大脑使用方式，会产生很大的压力，还要被中伤说"女人终究是女人"。谁会想走上这条路呢？

我希望，了解每个大脑的感性倾向、谋求团队的感性适当均衡、同时提升个人的活跃度与组织力等沟通科学（人际关系科学），可以成为多样性的时代的"人事常识"。

这样才能形成女性（准确来说是少数派）可以舒展活跃的社会。

屡教不改的大脑会提升危机应对力

动摇的大脑会提升危机回避能力，但是，屡教不改的大脑，会提升危机应对力。从"猎人的大脑"进化而来的男性脑，不可能拉长动摇的时间。差点掉进谷底的动摇，只要拉长十五分钟，就无法处理下一个危机。

因此，男性脑会比一般女性脑更快摆脱动摇。也就是说，不能充分提升危机回避能力。

这样的男性脑，在女性眼中，是"屡教不改，不断重演失败，但每次安身立命的方式都会越来越优秀的一群人"。当然是这样，如果每次都在大脑里更新成"不要再次踏入同样危险的地方"，久而久之就没办法外出打猎了。

容易动摇的大脑，会储存"平时的危机回避力"；受不够教训的大脑，会提升"遇事时的危机应对能力"。这两者必须兼容并蓄，才能保护重要的人事物。

大脑没有净是缺点的机能。

若认定"女人都很情绪化，总是唠唠叨叨地说些废话"，就无法获得"平时的危机回避能力"。若不能忍受"屡教不改，不断重演相同的事"，就无法获得"遇事时的危机应对能力"。

培育人的觉悟

想让某人的能力成长，就要一并认同"用来培养那个能力的感性"。在很多时候，"用来培养能力的感性"看似是缺点，例如，动摇、屡教不改、胆怯、拖拖拉拉等等。

大脑没有净是缺点的机能。没有缺点，就没有成长的能力。

不只要认同对方的能力，还要认同支撑着这个能力的"看似缺点的感性"，否则真正的男女平等社会无法达成。

想培育人，以创造出最完美的组织，必须有所觉悟。我认为，没有那样的觉悟也不可能做到真正的多元共融。

总 结

- 大脑没有净是缺点的机能。
- "心的动摇"能提升危机回避能力。
- "屡教不改的重演"能提升危机应对力。
- 想让某人的能力成长，就要一并认同"用来培养那个能力的感性"即看似缺点的行为。

4-4

看事情的观点不同所产生的压力

"丈夫老是在我很忙的时候叫住我，说找不到这个、找不到那个""开车时让老婆帮忙导航她都会一肚子气"——大家有没有这样的经验？

其实，这是瞬间看事情的观点不同，所产生的男女之间的压力。

半径三米之内与之外

大脑觉得不安时，男性会掌握整体空间，快速察觉会动的东西、危险的东西。女性则会把所有注意力集中在眼前重要的存在上。

因为在狩猎中进化的男性们，若对"远处"的"会动的东西"敏感度不够，就无法存活下来。负责养育儿女的女性，会仔细观察自己与孩子的周边环境，有连微乎其微的变化都不会放过的能力。因为人类的婴儿没有毛皮覆盖，出生后一年内也不会走路，是所有哺乳类动物中最脆弱的存在。所以，女性会"仔细地"察看"附近"。

男女的视觉守备范围的界线，大约是三米。男性负责界线以外，女性负责界线以内。

男女站立的位置会制造无谓的压力

男女去餐厅用餐时，若是被带到靠墙的位子，最好依照欧洲礼仪，**让男性坐过道边的位子，让女性坐墙边的位子**。但是，理由并非是女士优先。

而是男性倾向于在无意识中，把视线飘向半径三米外，追逐会动的东西。店内工作人员的动态、对面客人喝酒的动作等等，都会一一吸引他的目光。把注意力都集中在眼前的心爱之人身上的女性，此时会觉得对方"没有专心吃饭""没有专注于自己",因此感到不安。两人好不容易约会,这样太可惜了。

陈列室的设计也要多加留意。

让男性解说人员站在可以看到整个店内环境的位置接待客人,他的视线会被其他客人的动态吸引,女性客人可能会觉得他没有专心接待自己,或是不够稳重。

不知道男女视线的移动方式不同,就会觉得男性"偷瞄远方"的行为是注意力不集中。

也就是说,当女性要对男性说明什么时,最好留意站立位置(坐的位置)。

让男性站在"可以看见其他人动态"的地方,会觉得他的注意力不集中,因此感到焦躁,有时会不禁想向他确认:"你在听我说话吗?"但是,这样就冤枉他了。

有高度察知危险能力的男性脑,视线无法停止移动。让这样的男性们站在"可以看见其他人动态"的地方,就不要期待他会把注意力集中在某个东西上。

男性脑的三维点型感知

半径三米外、有时远到好几米外，都是男性的守备范围。要瞬间顾及那么广的范围，当然不能"仔细看"。只能稍微瞄过纵深的好几个点，掌握整体空间，抓住距离感。

在看结构体时，男性会先瞄一眼角度或轮廓，弄清楚结构，之后再玩味质地（面的质感）。

不是看全部，而是概略地看。因为是概略地看，所以能瞬间测出距离感，善于看透物体的结构。

然而，当你问"老公，那里不是有个红罐子吗?"或是:"那时候那个人提着这样的包包吧?"得到的答案经常是"不知道""没看到"。女性会觉得"好冷漠""不知道怎么说下去"，很想责备他说:"你就不能说得委婉一点吗?"但是，他是真的没看见，无从说起。

概略地看纵深的每一个点、掌握整体空间测出距离感、最后看透东西的结构。这种看待事物的方法，就称为三维点型感知。

我儿子总是"找不到眼前的东西"到让人无语的程度。但是,他是个掌握道路距离感的高手。

我在副驾驶座边看导航,边疑惑地对他说:"上面显示前面四百五十米处右转,是哪个红绿灯呢?"他毅然决然地说:"更前面那个。"

他说得太斩钉截铁,于是,我为了测试,叫他说出红绿灯的距离,结果他说的"两百……一百",竟然跟导航的指示一模一样!

这个能力超方便,所以,即使他找不到眼前的酱油,我和儿媳妇都不会介意。东西明明就在眼前却找不到,急得惊慌失措像只大熊的他,似乎反而会刺激儿媳妇的爱情传感器,说不定还会想抱住他说"好可爱"。

女性脑的二维面型感知

女性会面面俱到,把可见物的表面看得巨细靡遗。守备范围虽小,却几乎不会错过任何东西。这就是女性的二维面型感知。

在旅行途中,女性跟女性朋友会热络地讨论:

"收银台旁边不是有个红色罐子吗？""有、有，那是巧克力布朗尼呢。""当时真该买的。""那我们回去买吧。"之类的话题。

但是，换成是跟丈夫，就会变成："收银台旁边不是有个红色罐子吗？""不知道。""我有点好奇……那是什么呢？""不知道。""……"老婆们会因此觉得跟丈夫旅行很无趣，但丈夫也会觉得这个对话莫名其妙。

在对话出现分歧之前，"看到的东西"就已经出现错位了。

男女是极致的高效配对装置

你是否曾经教丈夫路该怎么走，指给他看说："丈夫，你看那个蓝色招牌。"他却说："在哪？"令你困惑不已？

以五十至六十米的射程距离来说，男女瞬间看到的地方，会有好几米的差距。男性看的是远处，女性看的是近处。而且，男性在最初看到的地方没找到目标的话，会立刻把视线移向更远的地方。女性正好相反，视线会在近处移动。也就是说，男女的视线绝对不会有交错。

或许男女不适合凭感觉给对方指路。反之，我认为男性与女性是有效率到极致的"配对装置"。他们彼此的守备范围划分得一清二楚，没有浪费的地方。

在打开冰箱门的瞬间，男女视线的移动方式也不同。

男性脑会以深处为中心，概略扫过一遍，试图找到危险物品。女性脑会巨细靡遗地看着可见物的表面，不会错过目标物。

当然，"找出目标物的速度与准确度"，是后者优胜。但是，男性会找出"过期的食品"，确保家人的安全。公平来说，两者都对家人有帮助。不过，看在老婆眼里，会觉得："我明明拜托你拿芥末酱，你却拿瓶过期的海苔来，是在找我茬吗?!"

男女脑理论也能应用在营销上

女性在近处，男性在远处——

我曾在某家药妆店的店长会议上说过这句话。三

165

个月后，收到某位店长的报告，说："我们把女性用商品的促销展示，从收银台后面的架子移到了收银台前面。光是这么做，原本每个月四十件左右的销售量，暴涨到以三百件左右。"

也有相反的案例。

譬如在美容院，把男性用的商品放在眼前，都很难引起客人的注意，反倒是陈列到架上后，客人就发现了。

商品的陈列方式，以及广告、海报等促销工具的摆设方式，也会因男女不同而有不同诀窍。知道有所不同，就好说了。**女性用商品就请女性工作人员、男性用商品就请男性工作人员，各自指出"吸引目光的地方"。**

要知道男女脑的"瞬间使用方式"的不同，不仅能消除沟通压力，对营销也有效。

联谊时建议重点式化妆

总之，男性就是三维点型感知，即**"以点看世界，了解结构"**的看事情观点。

其实，他们看女性时也一样。只要看到三点魅力重点（例如，眼角可爱地下垂、嘴唇丰满、脖颈漂亮），就会认定是美女。与"化妆化得很漂亮，可惜法令纹太深"这种滴水不漏的看事情的女性脑，全然不同。

因此，若是要化妆给男性看，我建议重点式化妆。最好只强调"希望被看见的三个要点"。如果在看到那三点之前，有太多诱惑视线的其他点，男性就无法清楚感知而留下记忆。在联谊等场合，你会变成那个被说"有那么一个女孩吗？"的"被遗忘的女孩"，所以要留意这个问题。

三点笑容主义

就以点看世界的意义来说，男性对时间序列的记忆也是这样。

倘若，出门时老婆忙得心浮气躁，回到家时老婆又一直骂小孩，丈夫会以为"老婆一整天都心情不好"，因为他会凭妄想，把点与点之间连起来。于是，他一整天都会在"自己家里杀气腾腾"的感觉中工作。

只需三点笑容，就能在丈夫面前演出"魅力十足的老婆"。**不论多么心浮气躁，都以平常心说出"早安""路上小心""回来了啊"，而且尽可能面带笑容，光是这样就够了**。男性会觉得老婆一整天都很开心，可以安心地工作。

儿子也一样。母亲以稳定的情绪送他出门、以稳定的情绪迎接他回家，他就会相信自己有个"充满祥和的家庭"，可以专心读书。

会成为男性大脑的坐标原点

我儿子高三时，我为了提升他准备考试的专注力，下定决心每天都以平常心说"路上小心""回来了啊"。

这一年，连要出差时，也会先说完"路上小心"，再换衣服出门，然后以能说"回来了啊"之前回到家为条件，安排行程。东京是个方便的地方，只要巧妙利用飞机，就可以设定这样的条件去日本大部分的主要城市出差。

有一次，他去摩托车旅行当天，我去了札幌。一如往常，我说"路上小心"送他出门后，才从羽田机场去了千岁机场。然后，完成工作，在他回家时待在家里迎接他说"回来了啊"。

但是，我做过一件失策的事。我在千岁机场买了好吃的海鲜盖饭，没想太多就发了邮件告诉他。回到家后，被儿子训了一顿。他说："我骑机车时，是边想着在家里的老妈和喵（我家的爱猫），边把握距离感。这个老妈突然告诉我，她越过我的头顶去了北海道，会搅乱我的思绪啊。害我迷了路，狼狈不堪。"

我这才知道不能小觑男生的妄想力，真没想到他们会把母亲当成大脑虚拟空间的坐标原点。

有了老婆，男人就会以妻子为原点采取行动。不在家时，也会让老婆待在"大脑的虚拟空间"。

就为他们这样的大脑，贯彻三点笑容主义吧？让置身于他们大脑中的自己，永远是个"心情好、充满魅力的老婆"。

至于三点之外的地方，请随心所欲。

取得男性下属信赖的诀窍

此外，同样观点也能应用在职场上。女性上司以"定点"表现出热情洋溢的积极模样，男性下属的大脑就会安定下来。

为了培养男性下属，绝对不能小看项目的初场会议、定期会议、庆功宴。

全都是女性的团队，可以自然而然地开始工作。学校家委会组织的义卖会，都是在聊天中自然开始、自然结束。例如："去年是我当接待。""接待的桌子是放在这里吗？""对、对。""那么，搬过来吧。"

全都是女性的团队，在项目完成当天，完全不会想举办庆功宴。因为她们想去美容院，或是跟很久没在一起吃饭的孩子吃顿晚餐。

但是，**对男生来说，点（句点）非常重要**。初场会议时，要带着热情的笑容对他们说"加油"。庆功宴时，要带着笑容与他们干杯说"做得很好"。这样的句点，能建立起"我的上司充满热情，还称赞了我"的信赖。

长期项目绝不能缺少定期会议（这时也要献给他们积极的笑容），还要确实回应他们的日报、周报。

乍看会觉得很花时间，但是，知道这样的"句点"会让信赖成为磐石，就会更有效率。

不会知道"看就知道"的事

除了看事情的观点外，男女还有其他瞬间的不同。

那就是瞬间动作的不同。

锁骨有①使胳膊滑向两旁伸开的机能，以及②使胳膊向前后转的机能。女性有优先使用①、男性有优先使用②的倾向。

女性要拿东西时，会立刻把胳膊往旁边伸出去，以画圆形般的流畅动作拿起东西。

男性会把胳膊直直地往前伸出去，像抓取般拿起东西。

在餐厅仔细观察男服务生与女服务生，会发现身体面向桌子的方向不同。男性大多会正对桌子，把手直直朝向杯子伸出去。女性大多会侧身站在桌子旁，如画圆形般把手朝向杯子移动。专业服务生会看时机、看场合，刻意做区分，所以并不是百分百都是这样，但有这样的倾向。

瞬间动作不同，彼此间就会形成难以认知对方动作的关系。

尤其是女性的动作流畅、安静，所以男性大多看不到女性做了什么。因此，不会察觉她希望自己帮什么忙，并不是不想"察觉、伸手帮忙"，而是看不到那样的动作。

所以要记住，你们之间的关系是，对方不会知道在自己眼中"一看便知"的事。

对男性下属而言，要看着动作优雅的女性上司的背影学习，是件困难的事。男女的上下级关系，还是需要说明。

在烦躁地想"一看便知吧""为什么做不到?"之前，先把话说清楚吧。

此外，女性有时会觉得男性的直线式动作，带着攻击性、缺乏体贴，其实这是误解。

这世上有十六种身体

在细节上，硬是要求基本动作与自己不同的对方，有时会得到反效果。

其实，人类的骨骼有四种活动方式，再考虑男女间的差异，就有八种，再考虑惯用手的差异，就有十六种。

关于动作的类型，在此不做详细说明，但各自的起身方式、走路方式、坐下方式、工具的使用方式，都有其各自的"正确方式"。**不同类型的上司，把自己的做法强推给下属，不但不会有成果，还可能有损伤下属身体等危险。**

（另外，想知道骨骼的四种活动方式的人，请研究广户聪一老师的"四种姿式理论"，他也出版了很多本书。）

有人会瞬间采取与自己不同的行动，其中包括说话、看事情的观点，以及动作。在动作上，即使是同性别的人，有时也会大大不同。这些不同，有时会形成意想不到的沟通压力，致使对方感到绝望或发生危险。

站在指导他人立场的人，必须彻底了解这件事。

会扭摆与不会扭摆的身体

我热爱交际舞长达四十二年。

交际舞有基本的十个种类，全都是来自外国的舞蹈。有诞生于欧洲的五种摩登舞（华尔兹、狐步等），有来自古巴和巴西的五种拉丁舞（伦巴、桑巴等）。

舞蹈是依据民族的语言和人体骨骼如实设计的。我的教练告诉我："请仔细观察设计出这个舞蹈的国家的人民的语言和身体，英国人代代相传的狐步的舞步与英文的发音结构非常相似。去英国留学，习惯使用英文后，跳起来就容易多了。"

曾经有过说"维也纳华尔兹只有德语文化圈的选手才会赢"，因为比一般华尔兹快一倍的维也纳华尔兹，完全吻合德语辅音轻快干净的节奏。大学时，听到德语老师说："请以三拍的节奏来说德语。"我才理解这个舞蹈界禁忌的来由。

而扭动腰部（看顶尖选手这么做时，都觉得腰部跟身体快分开了！），跳得很激烈的拉丁舞，会呈现出骨骼的不同。

非洲系、拉丁美洲系的人，相较于盎格鲁–撒克逊人，骨盘较圆，一直覆盖到大腿骨。因此，只要把腰部前后左右移动，就能产生绝妙的摇摆和扭动。光走路就是在跳舞了。

日本人即使把腰部前后左右移动，也不会产生扭动或摇摆。要刻意去做才能扭摆。但是，日本人很擅长那样一种表演，例如，上半身一动不动地滑行走路，或是直角转弯。日语也可以直立不动地说。

身体会扭摆的人，说话时身体也会自然摆动，而且，拥有的语言也是会扭摆的身体较容易发音的发音结构。非洲的语言中，有很多 N 开头的单字，例如恩戈罗恩戈罗（Ngorongoro）就是坦桑尼亚的地名。这个日本人很难念出来的地名，边扭摆身体边发音会觉得很舒服。

我把这个差异告诉了一位美国男性，他回答如下（用日文）。

——我们这一代，从小就被教育绝不能口出种族歧视的字句。但是，有色人种少年难免会想说白人少年的坏话，反之亦然。这时候，有色人种少年会以"那些连扭摆都不会的家伙"来称呼白人少年；反之，白人少年会以"摇摇摆摆的家伙"来称呼有色人种少年。艾迪·墨菲和丹泽尔·华盛顿等非洲系明星，他们会看场合，巧妙地运用摇摆的肢体语言。跟有色人种说话时会边摇摆边说；跟白人说话时就不会那样做。我觉得他们很懂得如何安抚对方的技巧。

看艾迪·墨菲的电影《颠倒乾坤》（Trading Places，1983），可以看到两种他，一种是边扭摆身体边舒服地说话的小人物，一种是身体动也不动地说话的精英。

大多数的日本人，在成长过程中，都很难看到不同民族的身体。往往会觉得边摇摆边说话显得不够真诚，然而，世界上也有一种感性是"觉得不会扭摆的身体很奇怪，会给人压迫感"。混合人种的国家的人民就知道这一点，会在沟通时看场合灵活地运用。

世界似乎比我们所深信的复杂一点。只要明白这件事，多多思考"不同的感性"，世界就会离我们更近。然后，一定能轻松跨越本以为会永远存在的男女鸿沟。

总　结

- 男性脑是三维点型感知。
- 女性脑是二维面型感知。
- "瞬间看到的地方"的差异，也可应用在营销上。
- 靠三点笑容主义，让男性脑安定下来。
- 想获得男性下属的信赖，不可小看定点（初场会议、定期会议、日报周报、庆功宴）。
- 有人会采取与自己不同的瞬间行动，这点要铭记在心。

05

———

共感障碍

——— 新的沟通压力火种

最近，已经远远凌驾于男女关系的新的沟通压力，开始在社会各处形成。

　　一九九六年之后出生的新世代，不论男女，有"共感障碍"的年轻人正在增多。这群年轻人的镜像神经元（Mirror neuron）不发达，无法与他人顺利产生共鸣。

沟通的另一个要点：共感动作

谁也无法否认，语言是沟通的要点，但是，很少人意识到还有另一个要点。那就是所谓的身体语言（Body language），包括表情、动作、呼吸方式。

人类会对谈话对象的表情、动作，自然地产生共感，形成连动：对方满面笑容，会跟着展现笑容；对方点头，会跟着点头回应；对方放轻松，会跟着放轻松；对方紧张，会跟着紧张。

若是处得好的交情，连呼吸方式（吸气吐气、停止呼吸）都会连动。所谓"气息相投"，就是这个意思。

交际舞的舞伴之间要调合呼吸，若呼吸不合，就无法理解对方的带舞，无法传达彼此的意向。但是，舞者并不会刻意努力去"调合呼吸"，因为在组队前，见到彼此的脸，与对方张开双臂的动作连动，呼吸自然就会调合。

身体的共感是传达意向的要素。

对方是否理解、理解是否充分、是否充满热情、是否有困惑、是否有兴趣、是否乐在其中等讯息，我们都可以从对方的表情、动作、呼吸方式得知。从对方状态是否与自己一致或是否有分歧得知。

并不是说动作或呼吸有分歧就不行，分歧也是非常重要的信息传达手段。

对对方的话产生困惑时，共感动作自然就会产生分歧。对方看穿后，会放慢说话速度，或放宽主张，或询问意见道："有什么疑虑吗?"

而沟通压力的问题在于，从一开始就没有来自"表情、动作、呼吸方式"的共感动作。

共感动作不成立就无法建立信赖关系

共感动作不成立的对话，无法产生信赖关系。无法形成共感动作的人，本身也无法很好地适应社会，会活得很辛苦。他周围的人，也会有很大的压力。

从以前，就有无法适应周围环境即无法正常形成共感动作的人，但只是少数派。他们大多不擅长与人往来，会选择做手艺精湛的匠人或工程师、创作者来崭露头角，周围人也会当他们是有"个性"，包容他们。

但是，如今，在这类人数逐渐变成多数派的世代，他们正在不断成熟。说不定不久后，在人事部门这种问题会成为比男女差异压力更大的问题。

在本章，我想说的是共感动作对大脑而言是什么？若是欠缺，会形成怎么样的沟通压力。

促进沟通能力成长的镜像神经元

我们的大脑具有把眼前的人的表情或动作，如镜子般复制在自己的神经系统上的能力。这是名为镜像神经元的神经细胞带来的机能。

对婴儿挥手，婴儿就会挥手回应。那**并不是有样学样**。如果只是有样学样地挥手，婴儿的掌心会朝向自己，因为对方的掌心是朝向自己的。

事实上，镜像神经元无法正常运作的自闭症孩子，存在把手背朝向对方挥手的倾向，被称为"反手再见"。

　　婴儿能够把掌心朝向对方，是因为把对方的动作完全置换到自己的神经系统中，证明镜像神经元能正常运作。

　　婴儿会使用这个镜像神经元，学会说话、学习与人沟通的技巧。会把眼前的人的口腔周边骨头、肌肉的动态，如直接复制般连结到发音上，同时，自然地学会"点头""微笑""连动"等沟通动作。

婴儿期拥有人一生中最强的共感能力

　　婴儿大脑的镜像神经元效果是大人的好几倍。母亲露出悲伤的表情，婴儿就会哭，母亲笑，婴儿就会笑。灵敏度高到会把周遭的物理现象都反应在"口部动作"或"身体动作"上，例如，"嘴巴跟着圣诞树上彩灯的闪烁频率开开合合""看到大象时，喔地张大嘴巴"。人类的孩子就像这样，具有"以嘴巴表达现象"的本能，所以能学会说话。

　　附带一提，苏格拉底也曾指出，人类是会想用嘴巴模仿的生物。他在《克拉底鲁篇——关于命名的正确性》（柏拉图著）中，留下了如下言论。

——倘若我们是不会发声的民族，那么，我们想对他人传达"飘浮在空中的东西"时，会不会把手指向天空呢？若是动物，应该会模仿那个动作吧。我们是不是会自然地模仿想表达的现象呢？而且，我们实际上并不想靠身体，而是想靠声音、舌头、嘴巴来表达。

共感力会逐渐下降、适当化

然而，婴儿若是对周遭现象一一产生共感，会扩大行动范围，会活得很辛苦。因此，大脑的共感能力在出生的瞬间最高，开始学走路后会逐渐下降，过两岁半就大幅下降了。

共感能力的低下，也是把"周围现象"与"自己"做切割，亦即自我的觉醒。婴儿从某个时期开始，会不断重复"把玩具丢出去，让父母拿回来，再丢出去""推倒牛奶杯子""一直抽面纸"等实验（探索地球是怎样一个星球的大实验），是因为他觉得

"自己做的事"会对"周遭产生影响"这件事很好玩。

当父母亲叫着"好调皮"深感吃不消的这些**"地球实验"**开始时,我们就可以认为,此时孩子的镜像神经元效果已经比婴儿时期降低许多了。对母亲而言,这是曾经像自己身体一部分的婴儿,开始主张自己想做的事,个性逐渐明显,成为一个独立的人的瞬间。因为此时孩子过了可以哄骗的时期,变得很难应付,通常称之为反抗期,但我不喜欢这样称呼,我称之为"地球实验期"。

三岁前会决定沟通能力

大脑的共感能力,会逐渐降低继而变得稳定。即,大脑会弱化多余的镜像神经元,只留下重要的镜像神经元。从语言能力的开发状态来看,这些应该是发生在三岁之前。

因为大约两岁半前的小孩,只要听到以某种语言为母语的人,在眼前发出各种此语言的元音,他就能照着发音。两岁半以后,就会发出特化为母语的发音。当"瞬间使用的元音"确定时，大脑内会开始将语言记号化，让思考跟语言重叠。语言会从"模仿"，变成"思考与沟通的工具"。

既然三岁是镜像神经元适当化的临界期，就必须在那之前确定该留下的镜像神经元。**也就是说，必须累积与周遭大人相互共感的经验，让身体记住语言与沟通的基本动作。**

对着孩子笑、跟孩子说话、哄孩子、跟孩子玩玩具、玩捉迷藏、念绘本给孩子听等，从以前父母和托儿所老师都会做的这些行为中，会让孩子的大脑知道什么是"为了人与人之间的接触应该留下来的共感动作"。

三岁看老

题外话，这本书的读者应该也有很多是有工作的母亲，所以，来聊聊"三岁儿神话"。

"思考与沟通"的基础会在三岁前形成，所以从以前就有"三岁看老"的说法。二十一世纪的科学，也证明了这个事实。

然而，**我并不赞成"母亲在孩子三岁之前必须待**

在家里"的"三岁儿神话"。

我是男女雇用机会平等法"前夕"的一代人。在实施平等法之前就业，又在社会男女共同参与策划的基础设施就快完成的紧要关头，成了有工作的母亲。

我生下孩子的一九九一年，日本才终于订定了一年期的产假制度。但是，几乎没有人请一整年的产假。我在生下儿子的四个月后回到职场，就已经有很多前辈（她们生产后只能休八周）羡慕我了。

在这个时代，职场妈妈深受三岁儿神话所苦。"真受不了，母亲应该待在家里啊"这种话就不用说了，有时还会被当面说："丢下吃奶的孩子去工作，你的孩子一定会变成罪犯。"

年轻母亲们早上要狠心丢下哭泣的孩子，自己也哭着去上班，还要因为胀奶在公司厕所偷偷挤奶，怎么忍心对她们说那种话呢。

我曾想过，或许等我再年长一点，会理解那种话，然而，我现在已经六十多岁了，还是觉得那种话既残酷又无情。

因为把想去工作的母亲关在家里，导致那个母亲心情郁闷，那么即使陪在孩子身旁也没有意义。

真正的三岁儿神话

三岁之前，最重要的是获得共感动作，母亲以丰富的表情和动作与孩子接触非常重要。与其整天在家，心情低落，以贫乏的表情和语言与孩子接触，还不如整天发挥社会所需的才能，带着愉悦的心情回到家，度过充实的亲子时间，这更能带给孩子压倒性的信息量。母亲不在家时，孩子也能从托儿所的老师或孩子们那里获得丰富的共感动作的机会。

我与儿子在一起的时间不多，但是，每天都过得非常充实。喂奶时，我的意识一瞬间都不会离开他。喂他吃辅食时，也会想"合不合他的口味呢?"，如情人般与他相处。

而且，喂奶时，他的嘴角肌肉会向三维方向无拘无束地活动，是学习语言的机会，所以我会花心思说出"美丽的日文音韵"。小学音乐课唱的歌，让我体验过日文的各种音韵系列。

结果，儿子很早就会说话了，早到令我惊讶。如今，他长大了、有老婆了，成了一个连做这方面研究的母亲也啧啧称奇的沟通高手。目前，完全看不出他有成为罪犯的可能性。

我宁可相信，现在有工作的年轻母亲没有遭遇到这种事，但是，她们的婆婆毕竟还是我这年代的人，如果是自己曾经为了带孩子而放弃工作的母亲或婆婆，大有可能说出三岁儿神话这种话。

如果被说了三岁儿神话那种话，大可挺起胸膛说，**真正的三岁儿神话是"孩子三岁前，母亲心情愉悦是最重要的事"**。当然，觉得待在家里陪伴婴儿很幸福的人，可以毫不犹豫地那么做。若是有社会所需的才能，觉得发挥那个才能比较有充实感，就那么做。偶尔想玩玩，也可以去玩。

边玩手机边喂奶要有限度

唯独有件事，我想警告年轻的母亲们。

不要边玩手机边喂奶。

对三岁前的大脑来说，把脸撇开的母亲会比表情贫乏的母亲更糟糕。

母亲沉迷于手机，把脸撇向一边，婴儿也会望向其他地方。**看不到母亲的表情，也听不到母亲说话的婴儿，会失去"获得该留下的共感机能"的机会。**

虽说喂奶时不是唯一获此机能的机会，但绝对是最好的机会。我不至于连"玩一下下"都要干涉，但是，如果你认为"喂奶时孩子会乖乖不动，是可以专心玩手机的时间"，那么，你最好再想想。

喝母乳或奶瓶里的牛奶时，婴儿会轻微使用到口腔周边的肌肉。这时候，母亲（正确来说是喂奶的人）对婴儿说话，或是对婴儿微笑，婴儿都比较容易将这些传达到自己的神经系统。

此外，母亲把脸、把注意力朝向婴儿喂奶，自己也可以促进制造爱恋的催产素荷尔蒙的分泌。

对人类来说，把脸朝向婴儿这件事，比想象中重要许多。

有位助产护士说："三十年前，我刚开助产院的时候，从来没见过母子不对视的哺乳。现在，因为母乳出不来、孩子不乖乖吃奶等问题来找我咨询的案例中，有很多婴儿都是吃奶时看着其他地方。那种画面好凄凉、好悲哀。"

听说小儿牙科也有制作警示边玩手机边喂奶的海报。因为"看着其他地方喂奶",小孩不能直直地吸到乳头,所以,牙齿的排列和下巴的生长会出问题。

现代社会所需要的,或许不是陈腐的三岁儿神话,而是唤起对"边玩手机边喂奶"的注意。

养育儿女不需要后悔

不过,读者中若有人是上面说的那样把孩子带大的,也不必后悔。

我认为养育儿女不需要后悔。

"共感微弱的人类",说不定可以彼此交换共感之外的其他信息。他们现在还是少数派,所以不容易生存,但等到他们比例增加之后,就会比较容易生存了。

说不定,不久后反而会形成需要那种人的环境,我相信人类大脑的潜在能力。**人类会自然为之的事情,一定有什么意义。**

共感动作微弱的一代

一九九六年流行电子宠物游戏机，隔年就开始推出手机邮件服务了。

似乎是从那时候起，人类迈向了"不对视哺乳"之路。

据说，二〇〇〇年以来，"一年级学生不会举手"这件事，在小学成了话题。说到一年级的学生，以前理所当然的反应是——

"所有一年级学生。""到——！"

"所有郁金香班的学生。"

"到！到！到！"

另外，记不住广播体操也成了话题，还有学校把"记住广播体操"当成课后作业。学广播体操向来不是用死记硬背的，而是靠模仿的。看着眼前老师的示范，自然而然就会做，才叫作广播体操。

两种状况都显示集体整体性的共感动作微弱。

然后，"没有共感的年轻人"终于踏入了社会。最近这一两年，许多企业和机关单位的人事负责人都叹着气说："教育新人好辛苦。"新人们都没反应，像是看无聊的电视节目般坐在那里。要面对几十个没反应的人教些什么，真的很费力。

仔细观察每一个人，会发现有共感能力的人还是超过半数的。但是，**无反应的人若是超过三成，集体的共感动作就会明显下降**。因为周围存在无反应的人，有反应的人就会有所顾虑。

你在听我说吗？你有心要做吗？

听人说话不会产生共感（没点头、表情没变化、没调合呼吸），按理说，应该是"无法认同时"的表现。

如果下属是这种态度，上司通常会问："你在听我说吗？""你有什么话要说吗？"

若当事人是刻意摆出那种态度，那他应该猜得到为什么会被这样问，所以知道该怎么反应。例如，道歉或借此机会表示不满……

但是，若没有那种意思，却被这样问，当事人只会茫然若失，不知道为什么被找茬，百思不解。

因为下属没反应，所以才逼问："你在听吗？"却还是被当成耳边风得不到任何反应的上司，会再逼问："你是有心要做吗？"

被这么问的人，还是一头雾水，心想就是有心要做，才会来公司这样听上司说话，为什么会被这样问呢……完全不知道该怎么回答才好。然后开始怀疑，上司会问这种无从回答的蠢问题，究竟是笨蛋？还是权力骚扰？

认定是权力骚扰

不会产生共感的人，存在感薄弱，所以几乎不会被征询意见。自己两旁的新人都被问："××，你觉得怎么样？""要不要一起吃午餐？"唯独自己被忽视。

而且，不会产生共感的人，无法把"他人的动态"复制到大脑里，所以反应迟钝。几乎不可能在会议后发现"前辈在收拾茶杯"而赶紧站起来说"我来收"。前辈的动作虽然会映在视网膜上，但这样的人只会呆呆看着，像在看车窗外的风景。

当然，这样可能会被问："你为什么不做？"但是，这样的人只会觉得，这种问题实在有点莫名其妙，然后反问说："有人让我做吗？"

如果有下属常说"没人让我做""谁也没告诉我"，那么，要知道他是个共感力微弱，有共感障碍的年轻人。

对这样的他们和她们来说，自己每天都会被找茬、被忽视。当中有些认定自己是被权力骚扰，真的有去人事部投诉的案例。

如果下属有共感障碍

今后，最好把："你在听我说吗？""你有心要做吗？""为什么不做（做不到）？"列入学校或职场的禁语。

对无心去做或抗拒去做的孩子，这些话是有意义，但是，对无法产生共感的孩子来说，那些话只是在找茬。不但说了没意义，还会被当成愚蠢的上司或权力骚扰。

反应迟钝的孩子，认知能力也迟钝。听到十，才好不容易领会一。对他们不能有"当然做得到吧"的

期待，必须说好几次，说到他们完全理解。但是，一
旦他们理解了，就能做得很好。

如果自觉可能有共感障碍

如果被骂："为什么不做（做不到）？"不妨道歉
说：**"对不起，没注意到。"**

因为"为什么不做"，意味着"没眼力，没人说
也应该要做"。

然后，率直地问**"该怎么做？"**，今后还是要多多
留意呀。

学习沟通的时代来临了

社会越来越多样化，成长环境、成长方式、生活
习惯各异的人交织在了一起，就不能再期待彼此间一
定要产生默契了。"你在听我说吗？""你有心要做
吗？""为什么不做？（为什么做不到？）"应该会成
为没人用的死语。

共感动作微弱，目前是被当成"共感障碍"，但

是，不久后，说不定会被当成一种个性，成为理所当然，不再因此产生压力。

但是，社会越来越多样化后，语言沟通就不能仅限于母语了。当很难再把"心情"注入语言的"字里行间"时，表情、动作、呼吸的共鸣，就更会成为重要的沟通因素了。

有共感障碍，却不自知地活着，在现今社会十分不利。同样，身居高位，却不知道有人有共感障碍，也十分危险。

我深切感受到，沟通已然进入了需要学习的时代。

沟通科学之门

我自己为了开发人工智能（AI），开启了沟通科学（Human Communication Science）之门。后来，我觉得沟通的结构对活生生的人类也有用，认为应该回馈人类，所以开始写这本书。

在多性别与多种族混合工作、母子也不再对视哺乳的二十一世纪，我完全不想多谈其中的好与坏，只是认为适合这个时代的沟通智慧是必要的。

沟通科学之门，才刚刚开启。

上周有位中老年绅士鼓励我说："女人不是生来就是女人，而是被当成女人教养才会成为女人，她们原本是跟男人一样。"这句话应该是引用法国女性作家兼哲学家西蒙·波伏娃在1949年的著作《第二性》中提到的名言——"女人非天生而成，而是后天造就。"他会那么说，是因为他前面提到"我是女性的理解者"，他还说："我知道女性原本拥有跟男人一样优秀的大脑喔。"

他不知道女性的感性，具有跟男性的感性所不同的优秀。但是，不能只怪男性。在女性当中，也有很多人会愤慨地说："竟然说我是女性脑。"

不知为何，全世界都认为大脑的感性特性的正确答案只有一个。这恐怕是以"在有教养的家庭成长的高学历白人男性"为范本，那之外的都被视为"有缺陷"。尤其是对女性感性的藐视，依然是2020年的现况。

波伏娃是活在"女性＝男人附属品"的时代。在那个世代，为了表示"我们不是生来就是男人的附属品"，她必须高声呼吁男女都是一样的。

然而，现在已经是女性可以歌颂身为女性、男性可以歌颂身为男性的美好时代了，不是吗？

现在，应该可以平静地谈论"正因为各自不同才更美好"。

在大脑的构造上，男女并没有差异，不同的是选择"瞬间使用"机能的初期设定。这样的不同，是人类生存下来的基本要点。我在三十年前发现这件事，并把打造能彼此敬爱"大脑感性特性的不同"的社会，当成了我的目标。

我单独一个人，推开了好大、好大的门。

三十年后的现在，实际情况是门才推开了一点点，就被"说什么男女不同，既非科学又反社会"的强风推回去了。

任何人都有顺着自己大脑感性得到幸福的权利，没有谁对谁错。但是，要让感性不同的伙伴们都得到幸福，需要智慧。

我非常希望，这本书能成为沟通科学之门的"门挡"，让温柔的、相互理解的风，拂过多数二十一世纪的人类。

总　结

- 共感动作（表情、动作、呼吸方式的连动）是沟通的要点。
- 共感动作微弱的年轻人越来越多。
- 共感动作微弱，会被当成没在听对方说话、会容易被忽视。
- 应该把"你在听我说吗?""你有心要做吗?""为什么不做?"列入禁语。
- 如果被责问："为什么不做?"就道歉说："对不起，没注意到。"
- 让我们开启沟通科学之门。

结语 —— 二十一世纪人类必修科目

要学习才能懂得如何沟通。

　　为什么这么重要的事，至今都没有被编进义务教育的课本里呢？我们几万年来都不相同，近千年来还清楚地一分为二（看《源氏物语》就明白了），为什么都没看到把男女关系正式科学化的动向呢？

　　或许是因为几万年来都可以维持原来那样——直到一九八五年。

　　在日本男女雇用平等法制定之前，无论在职场或家庭，男女的栖所分离（Habitat Segregation）都很清楚。男女间的自由意志沟通，几乎仅限于谈恋爱。现在的年轻人或许不会相信，在 20 世纪 80 年代之前，没有人相信"男女之间的友情"。结婚后，丈夫与妻子都有特定的职责、特定的说话方式。

现在，男女混在一起，工作、家务都是像拼图一样彼此分工合作生活着。把夫妻关系当成伙伴携手合作的例子也不少。正因为现在是这样，所以，不知道沟通的要点，会更危险。

当然，大脑不是日本制的工业产品，所以会有个人差异。难免会有压力模式与一般男女完全相反的情侣。觉得"自己似乎不是典型的女性脑（男性脑）"的人，必须找出属于自己的答案。

不过，这种状况也一定能找到启示。

有不少职业女性说："本以为自己是男性脑型，但研究这个理论后，发现面临突发的重大事件时还是会启动女性脑。"当然，这就是二十一世纪初的职业妇女最正确的大脑使用方式。

确立于二十世纪的产业构造，是以发现问题点、快速解决问题为主轴。在正文里已经详细叙述过了，这是男性脑擅长的大脑使用方式。即便是女性，如果加入了产业构造的行列，就必须用男性脑才能生存。

但是，在突破现状上，有时需要多样的事物观点，或是新方案的构想。这时候，要轻柔地启动女性脑。这样的女性们，从二〇〇〇年一直活跃到了二十一世纪初。

如今，时代将再往前跨进一步。在 AI 时代，AI 会帮我们发现问题点、解决问题。人类的工作会转向多样性及新方案的发现。如此一来，女性应该可以更解放女性脑。男性们最好也能巧妙利用同事的女性脑，提升组织整体的多样性。

不过，男性们也不必沮丧。产业社会是从极度偏向男性脑的地方开始的，虽然现在因为时代的多样性需求，女性脑有被捧上天的倾向，但是，这个世界仍缺少不了男性脑的创造性。我要请男性读者们记住，男性脑的力量还是承担着多样性的一部分。时代并非站在女性这一方，现在是"回摆"期间。

反之，女性们要明白，既然自己坦然使用了女性脑，那么，男性们也可以坦然使用男性脑。

男女之间无法将压力完全降到零。所以请多动动脑，只要做到压力平衡（彼此分担压力），彼此之间的总压力数就会降到最低。

懂得退让的人，才会有最大的收获，这种类似很久很久以前的传闻或奇幻故事中关于"金钱"与"幸福"的法则，在这里也依然适用。

唯有知道压力平衡法则的人，才能如愿度过一生。

在男女混在一起生活的二十一世纪，如果没有这种睿智，人类如何能够幸福地活着呢？

虽是私事，但我想借此机会，宣布新的研究领域的诞生。

这个沟通论，是始于人工智能研究的一环。

为了把人类的感性（"瞬间言行""瞬间的情绪"的构造）教给人工智能，我以系统论钻研人类大脑，把人类的大脑视为装置，分析搭配这个装置进化至今的人类（男、女）"为什么会那么做？那么做愉快（不愉快）吗？"。

与脑生理学或心理学的探讨不一样，目的不在于"弄清脑组织界线"或"心理障碍治疗"，而是把"多数男性（女性）瞬间反应的行为、瞬间产生的感知"，积极地类型化（Typification）。

我在三十年前，自己一个人开始了这项研究，因为当时我周遭的人工智能研究者们，都是沿袭脑生理学及心理学的探讨。

这个与脑生理学全然不同，"积极地、激烈地将脑神经回路构造类型化的系统论"，我取名为"脑科学（Brain Science）"。

然而，随着这个名词普遍化后，不知道为什么脑生理学的学者们，都开始使用这个名词，脑科学被视为脑生理学的一环，只有医学专家才能说。我有种名词被猎走的感觉，但说出来也于事无补。如果一般人都觉得"脑科学"应该由医生来说，那么这个名词就是医生的。

结果，我的研究领域变成了"无名"。

如今，适逢此书出版之际，为了想借由这本书，把感性沟通论拓展到全世界的人（我相信一定有这样的人），我强烈觉得有责任赋予我的研究领域一个名称。

因此，我为我的研究领域取了一个新的名字，那就是**大脑模控（Brain Cybernetics）**。

模控（Cybernetics）是网络（Cyber）一词的语

源，是呈现生物学与工学相结合的概念的单词。是一九四八年，美国信息理论权威魏纳（Norbert Wiener）所创，其概念是借由研究生物构造与机械控制构造的类似性，为彼此的研究领域带来好处。

我以 AI 工学观点研究大脑，阐明了沟通的结构。判定大部分属于模控的范围，所以想到了这个名称。

制造精通人类感性的 AI，是研究目的之一，把这个理论回馈给人类，贡献于社会，也是这个研究领域的重大目的之一。

今后，我的专业领域不是脑科学，而是大脑模控。有时候可能会使用大脑网络（Brain Cyber）这个词，哪天看到这个词时，请务必想起这本书。

因为，"大脑模控"这个词，是现在随同这本书的出版一起呱呱落地的。

由衷感谢 PHP 研究所的西村健先生，一直守护着这一本充满热情的书，并给予最充分的理解。

最后再说一句话。

有小孩的夫妻若能良好沟通，是不是就能缓解少子化的状态呢？双职工家庭中，有很多女性会说：

"丈夫很差劲，我绝对不要再生一个，尽管公司的制度非常优渥。"

　　然而，那句"丈夫很差劲"也是误解。

　　我真心相信，沟通科学可以拯救人类。

　　我非常期待，这本书可以贴近时代，成为全世界男女之间的桥梁，对人类的新框架会有一点帮助。

　　无论如何，最期待的还是对阅读这本书的读者会有一点帮助。若能稍微减轻读者的压力，我就满足了。